本书受广西高校人文社会科学重点研究基地基金资助

THE DEVELOPMENT AND APPLICATION OF
THE NEW ORGANIZATIONAL CULTURE POWER SCALE:
A STUDY ON ORGANIZATIONAL PERFORMANCE

企业文化力量表
开发与运用：
对组织绩效影响机制研究

罗秋雪◎著

经济管理出版社
ECONOMY & MANAGEMENT PUBLISHING HOUSE

图书在版编目（CIP）数据

企业文化力量表开发与运用：对组织绩效影响机制研究/罗秋雪著. —北京：经济管理出版社，2021.3

ISBN 978-7-5096-7860-2

Ⅰ. ①企… Ⅱ. ①罗… Ⅲ. ①企业文化—影响—企业—绩效—企业管理—研究—中国 Ⅳ. ①F279.23

中国版本图书馆 CIP 数据核字（2021）第 050906 号

组稿编辑：赵亚荣
责任编辑：赵亚荣
责任印制：黄章平
责任校对：董杉珊

出版发行：经济管理出版社
　　　　　（北京市海淀区北蜂窝 8 号中雅大厦 A 座 11 层　100038）
网　　址：www. E-mp. com. cn
电　　话：（010）51915602
印　　刷：唐山昊达印刷有限公司
经　　销：新华书店
开　　本：720mm×1000mm /16
印　　张：11.75
字　　数：181 千字
版　　次：2021 年 3 月第 1 版　　2021 年 3 月第 1 次印刷
书　　号：ISBN 978-7-5096-7860-2
定　　价：68.00 元

1

企业文化力

绪 论

本章主要阐述本书的研究背景和问题提出、研究内容和研究意义、研究方法和技术路线、结构安排和创新点。

1.1 研究背景和问题提出

1.1.1 研究背景

1.1.1.1 实践背景

动态复杂不确定性的企业生存与发展环境。20 世纪 90 年代以来，人们越来越认识到现在企业所处的环境是一个动态复杂的生存与发展环境，不但技术日新月异，竞争激烈，而且危机频发，有类似于次贷危机的经济层面的，也有来自于自然、社会等层面的突发事件与危机。伴随社会经济效益的持续增长与金融化程度的进一步加深，公司之间的竞争方式也正逐步转移。这一过程主要包括产品竞争到企业文化竞争，最后再到综合实力的比拼。而在这一过程中，产品会落后、管理会滞后，但只有企业精神文化的传承才能使公司实力持久不衰。一个公司要想持续发展，就一定要将企业文化摆在首位。贾建锋等（2016）指出，企业精神文化是一个关键的竞争要素，在所有公司内都能看到文化的魅力，其对企业内部的核心实力可以产生巨大的作用。

熊立等（2016）指出，企业精神内涵是一种简洁明快、识别度较高的企业资产，其在一定程度上影响了企业员工的综合素质，能对公司的产业竞争起到关键作用。陈春花（2016）强调，只有从具体实际中出发，让我国公司注重营造核心企业精神，才能不被时代所抛弃，而调查结果显示，现在很多企业文化的发展状况是缺乏推进企业文化的重要动力，这就使众多公司由于没有保持不断发展的企业文化竞争力与员工思想教育，从而使部分企业、公司整体实力下降甚至走向破产。现代公司的综合实力通常并不是取决于公司外部，而是公司内部的精神文化。良性竞争会使公司的整体作业方针进行革新，从而让公司一定要对其内在的文化模式进行革新，也就是所谓的"企业文化力"作用。一个公司的精神必须具备高效率、深影响、大范围的优势，是公司进一步建设的核心竞争力（贾建锋等，2016）。随着社会经济发展，企业面临的市场竞争也愈加激烈，企业想要更好地发展，就必须提高自身的市场竞争力。当前企业之间的竞争已经不仅是市场、技术和资本方面的竞争，还需要进行文化方面的竞争。企业文化在企业发展中的重要性不断提高，这就要求企业必须认识到企业文化创新的重要性，做好企业文化建设，将企业文化的作用更好地发挥出来，从而帮助企业更好地参与到市场竞争中（王云飞，2020）。企业发展的根本要素就在于不断将企业文化进行创新、共享与传承。

企业文化力与企业软实力的关系。在世界多元化的社会环境下，公司外部竞争已从传统的物质性比拼上升为营销管理、企业文化、员工素质、金融绩效、综合资本等方面的竞争。所以，对于当今社会来说，国内产业一定要将管理体系的优化高效、员工思想的高度凝聚、产业产品的品牌革新放在全局的核心地位，如此才能让公司的建设更进一步发展。公司内部凝聚力是增强整体实力与提升产业绩效的关键环节，是公司精神文化、员工素质、产业影响、创新水平与进一步推进核心实力的重要指标。换句话说，企业文化凝聚力是其不断强大的后盾和优势，是增强我国公司综合凝聚力的重要筹码。精神凝聚力在公司管理方面展现为员工使命感、素质能力的综合评定指标，但在公司外部则主要展现为品牌影响力、产品作用力与综合竞争力（绍奇，2004）。汤谷良和夏怡雯（2009）认为，企业精神是一个公司的核心与关键，其所拥有的重要作用力是很难被其他企业效仿的，一旦公司具备了其内在文化精神，那么在现代的社会环境下就能更上一层楼。但是，就目前许多公司的发展状况来看，即使许多企业已经注意到了公司精神文明的重要性，也在不断着力推进公司精神文化建设，但因为对公司精神文化的感悟有所缺陷，只进行单一的教育培训，缺乏企业文化力与管理模式两者的良好融合与革新，制约了公司核心竞争力的提升。

企业文化力作为一种软实力，是企业在国内外竞争中必备的基本力量。公司竞争力必须将企业文化精神摆在关键位置，是公司发展走向国际化的战略前端指标。企业精神作为软实力，具备培养、教导、宣传与凝聚等作用，就整个企业运营机制的多重环境来说，其精神文化凝聚力位于关键核心地位，并发挥着重要的引导作用，尤其是对于公司整体形象来说，对公司职员对管理模式的服从、公司整体形象理念的发扬与企业文化的形成都具有不可忽视的影响。而企业之间的竞争也不仅仅是凭借资产额度来说明，其最具决定性的还是要依据优秀的企业文化、完善的管理体系与员工积极性所评价，只有充分重视，才能为公司实现可持续发展提供强大的推动力。

21 世纪，随着全球经济一体化进程的加快，对市场经济主体提出了新的严峻考验。每一家企业都必须深刻认识到：文化力也是一种生产力，这是对当代生产力重新认识的结论。张英奎等（2012）认为，企业文化力是通过企业文化的作用而形成的推动企业发展的深层力量，是企业软实力形成的根源。对于微观经济主体企业而言，企业竞争已经从硬实力的竞争上升到软实力的竞争，由传统的产品竞争、资源竞争转向人才竞争、文化竞争。归根结底，这种文化力的竞争最终会影响到企业产品、服务乃至品牌。因此，企业不论是在国内还是在国际竞争中生存，必须通过塑造企业文化力来增强企业核心竞争力，对企业来说，通过企业文化力的建设来增强竞争优势具有重大意义。

1.1.1.2 理论背景

到目前为止，学者们研究企业文化已经有 40 年，有关企业文化方面的理论以及教材已经不胜枚举，但是多数的文献主要关注企业文化构成要素与建设方面，对于企业文化力还缺乏足够的关注。Deal 和 Kennedy（1982）指出，杰出而成功的企业大都有强有力的文化，同时认为企业文化具有五项要素：企业环境、价值观、英雄、习惯和仪式、文化网络。这样的文化分析维度后来成为最广为接受的解构企业文化的方式，也是企业文化研究的奠基之作。Schein（1992）认为，"文化"应该包含企业成员所共同拥有的更深层次的基本假设和信念，这些假设和信念是通过学习获得的，能够反复和有效地解决组织在外部环境中的生存问题和内部的融合问题。进入 21 世纪后，随着经济全球化的发展，尤其是互联网信息技术的兴起，全球的生产模式发生了巨大的变化，工作者在社会劳动中占据的比重越来越大，对传统的企业管理模式形成了巨大的挑战。因此，与社会人本思想相契合的企业文化理论越来越受到关注和重视。

从中国的研究现状来看，有关企业文化力的研究始于 20 世纪 90 年代。在中国期刊全文数据库中，通过限定查询范围关键词"企业文化力"、时间"1995 至 2016 年"、期刊范围为"全部期刊"、匹配为"精确"后，截至 2020 年 9 月 15 日，发现这一期间发表的相关论文 519 篇，其中，1995 年及以前年份没有相关论文发表，1998 年有 13 篇，2002 年有 29 篇，2004 年有 37 篇，2007 年有 50 篇，2008 年有 58 篇，从 2008 年之后有关企业文化力的论文呈上升趋势，尤其在 2012~2015 年，徐耀强、李瑾等人掀起了对企业文化力研究的热潮，2013 年有相关论文 149 篇，2019 年有 269 篇。

从目前这些论文的内容来看，主要可以归纳为以下几个方面：企业文化力的内涵与界定、企业文化力的重要性、企业文化力的结构模型与测量方法、战略人力资源管理对企业文化力的影响分析等。这些研究的结论基本上是基于作者的实际感受、实践或一定程度上的理论演绎而得出的，属于描述性的分析，极少有对企业文化力进行实证的文章。虽然与"企业文化力"相关的论文数量已经不少，但目前国内学者对于企业文化力的研究仍然还有研究的空间，对于企业文化力的构成要素及前因和后果还有待于深入的研究和实证的检验。

1.1.2　问题提出

企业管理大致可以分为经验管理、科学管理和文化管理三个类型，且每个类型的特点各不相同。

企业管理的第一个类型是经验管理。一家公司将经验管理模式运用于其内部，管理制度以及规章条例都不需要明文规定，公司能够依据所有者自身的想法，凭借以往经验与做事方法参与企业运营。然而，对于社会经济的不断成长，产业服务范围的持续扩大与金融化产业模式的养成是不利的，此种运营模式必然趋于落后。

企业管理的第二个类型是科学管理。这种管理方式所解决的问题是如何使劳动效率最大化，使依法治厂、依法治企成为可能，使企业管理从经验上升为科学。这种运营方案所处理的问题是怎样让工作绩效充分发挥，让科学管理、高效办企成为现实，让公司运营从经验转化为科学。然而，任何模式都必然存在相对的缺陷，其主要在于缺乏对员工的培训，只对他们进行简单的教导，而伴随社会科学的不断进步，该种运营方式必然会趋于落后。

企业管理的第三个类型是文化管理。此种运营模式主要推行的是文化对企业员工的精神、素养、综合素质等的影响，将员工自身的文化素质进行培养。在这种管理模式中，企业已经注意到随着社会经济的发展与职工素质水平的提升，公司运营逐步从传统的科学运营变化为以企业文化为核心的竞争优势，企业管理走向服务员工、教育员工、尊重员工的道路，在充分迎合员工的必要需求的条件上，尽力符合员工的素质养成需要。占德干和张炳林（1996）强调，以员工为本的发展模式体现了公司文化建设的人性化，这是企业管理体系的重要指标，也是科学建设的必然需要。黎永泰（2001）认为，公司文化建设始源于以人为中心的新型社会发展需要。现今公司建设体系的发展与竞赛，不单单是金融、科技、产品的竞赛，更是公司精神文明的比拼。伴随社会的发展，特别是知识时代的到来，只有不断发扬人性化管理模式，才能使企业的潜力进一步得以发挥（魏杰等，2001）。钱津（2020）认为，当今世界各个国家或地区企业文化管理变革存在以下共性：一是都迈过了初始的感性管理阶段，进入了初步理性化的制度管理阶段，开始走向成熟；二是基本上都已经将企业文化管理提升为企业管理的最高境界，做到以企业文化管理统领企业管理的各个方面。他还指出，从当今可以预见的视域来看，走向未来的世界各个国家或地区的企业文化管理的共同发展趋势主要体现为三个方面：一是越来越浓厚地凝聚着现代市场经济意识，二是将由人性文化管理走向狼性文化管理，三是人工智能将介入现代企业文化管理之中。在未来的发展中，主要注重人的智慧和潜能，注重以人为本的企业文化。所以说，文化管理是企业管理的必然趋势。

因此，本书研究的主要问题是：在动态复杂不确定性的竞争环境下，企业如何通过企业文化力来提高组织绩效？这个主要问题由以下三个子问题构成：

（1）企业文化力的本质是什么？由什么构成？企业文化力的提升能否提高组织绩效？其作用机理是什么？

从目前关于企业文化力的研究现状来看，已有一些学者对企业文化力的本质和构成进行了研究，取得了一些成果，但这些研究多是描述性分析，很少有实证的研究，而且比较零散，没有形成一个较为完整的分析框架。因此，本书将通过对现有文献的分析和梳理，研究企业文化力的本质、基本构成及测量量表，并进一步研究企业文化力与组织绩效的关系及其作用机理。

（2）员工行为的本质是什么？有什么体现方式？能否通过企业员工行为来体现企业文化力的推动作用？

现有对员工行为的研究视角比较多样化，对员工行为的定义、方式和构成等没有形成一致的看法，有必要进一步地对员工行为的本质及其构成方式进行探讨。也有学者从战略人力资源管理的视角对企业文化力进行研究，但研究焦点主要集中在人力资本、组织结构及客户管理等方面，而对于企业内部的员工行为很少涉及。因此，本书将在分析员工行为的本质及其构成方式的基础上，进一步研究企业能否通过员工行为来体现企业文化力的推动作用及其影响机制。

（3）企业文化力是否对组织绩效具有直接影响或是通过企业员工行为对组织绩效具有间接影响？如果是后者，其作用机理是什么？

出于研究视角和研究目的的不同，由企业文化力引致的结果也各不一样，从最终的结果来看，已有学者证实企业文化力可以提升企业的竞争优势、柔性与核心能力等。但还没有学者提出企业文化力对组织绩效的提升有直接或间接的影响。因此，本书从企业文化力出发，引入员工行为这个中介变量，对"企业文化力对组织绩效有直接影响或是通过员工行为对组织绩效有间接影响"这个问题进行深入的分析。

1.2　研究内容和研究意义

1.2.1　研究内容

针对上述研究问题，本书主要对以下内容进行了研究：

1.2.1.1　企业文化力与组织绩效的关系

组织绩效是企业竞争优势的主要表现，本书先从总体上分析企业文化力与组织绩效的关系，然后通过深度访谈、文本分析、对企业文化力测量量表的开发，得出企业文化力维度，即精神文化力、制度文化力、行为文化力和创新学习力四个方面，再详细分析企业文化力的构成对组织综合绩效的影响，提出企业文化力对组织绩效不同关系的假设和待验证的理论模型。通过对样本数据进行的结构方程模型分析，检验上述假设和理论模型，推导出企业文化力与组织绩效相关的结论，并讨论其理论意义和实践启示。

1.2.1.2　企业文化力与员工行为的关系

通过文献的梳理，笔者得出企业文化的一切努力和最终的追求是员工的改变和习惯的形成、共同的行为模式以及明确的价值行为取向，将企业文化落实到每个员工的自觉行动中，最终成为员工的行为。基于这些认识，本书首先从总体分析企业文化力与员工行为的关系；其次将企业文化力分别对员工行为的三种方式，即组织承诺、组织公民行为和离职倾向的影响进行详细分析，并提出企业文化力与员工行为的方式之间关系的假设和理论模型；最后通过对样本数据进行结构方程模型分析，检验上述假设和理论模型，推导出企业文化力与员工行为相关的结论，并讨论其理论意义和实践启示。

1.2.1.3 员工行为与组织绩效的关系

本书将员工行为分为组织承诺、组织公民行为和离职倾向三个方面。现有对于员工行为与组织绩效关系的研究中，部分学者认为组织承诺、组织公民行为与组织绩效之间呈正相关关系，而离职倾向与组织绩效之间呈负相关关系。本书在总结已有成果的基础上，详细分析员工行为各构成方式对组织绩效的影响，提出员工行为与组织绩效不同关系的假设和待检验的理论模型。通过对样本数据进行的结构方程模型分析，检验上述假设和理论模型，推导出员工行为与组织绩效相关的结论，并讨论其理论意义与实践启示。

1.2.1.4 企业文化力、员工行为与组织绩效的关系

在上述研究的基础上，本书将企业文化力、员工行为和组织绩效三者进行整合分析，先从理论上分析它们之间的关系，提出理论框架，然后详细分析三者之间的关系，并提出相关的假设和理论模型，通过对样本数据进行的结构方程模型分析，检验企业文化力对组织绩效的直接影响以及企业文化力通过员工行为对组织绩效的间接影响，推导出企业文化力通过员工行为这个中介变量确实能更好地提高企业绩效，以及企业文化力、员工行为与组织绩效整合关系相关的结论，并讨论其理论意义与实践启示。

1.2.2 研究意义

1.2.2.1 实践意义

当前企业的竞争是一种全方位的竞争，是经济实力、企业文化力等多方面的竞争。已有学者关注如何根据不同经济条件、不同文化背景寻求提高经济效益的有效途径，其中有许多涉及企业文化力及其评价的内容。可见，企业文化力的测量及其对组织绩效影响的内容研究与探索成为企业可持续发展战略研究的一个重要的话题。

国外已有的研究主要是企业文化与组织绩效的关系研究。Hofstede（1991）论证了企业文化对其经济绩效产生的影响；Kotter（1992）对企业文化与企业长期经营业绩之间是否存在真正的联系进行了深入研究，并探索了计算企业文化力指数的方法。Barney（1991）指出，企业文化是企业拥有可持续竞争优势的源泉，也有其他实证研究发现企业文化是组织有效性的关键因素（Denison，1990；Denison & Mishra，1995；Fey & Denison，2003；Denison et al.，2004；Brain et al.，2009；Zheng，2009）。

在中国，有关企业文化力的研究始于 20 世纪 90 年代，主要集中在企业文化力概念的提出（贾春峰，1998）和企业文化力作用的发现（广斌和何伟林，2002）；随后是有关企业文化力作用机理（杨浩和宋联可，2013）、结构模型和测量方法（徐耀强和李瑾，2015）的研究。程达军（2019）指出，企业文化力的锻造需要在经营实践中探索与学习，也需要企业人员从上而下的思维创新与行动支持。可见，"企业文化力"的研究已经引起学术界和企业界人士的广泛兴趣和重视。相比之下，本书以新的视角研究企业文化力、员工行为与组织绩效的关系，对于理论和实践都有重要的意义。

从实践上来说，本书的研究意义如下：第一，本书以企业文化力为出发点，通过企业文化力的四个维度来对组织绩效的直接影响进行研究，从本质上解析和测量企业文化力的作用，有助于企业及时地进行战略调整。第二，本书将企业文化力—员工行为—组织绩效作为另一研究路线，通过将员工行为作为中介变量的路径，更深层次地挖掘企业文化力的作用机理。这一结果有助于企业确定和识别员工行为对企业的贡献，以便于管理者调整管理策略，更好地激励和培养员工，提高人才管理的有效性，从而为企业的健康成长指明方向。

1.2.2.2　方法论意义

本书首先用定性研究方法，通过深度访谈对企业文化力概念进行界定，分析维度构成并开发出企业文化力测量量表；其次用定量研究方法探讨中国情境下企业文化力与组织绩效的关系，通过模型构建和研究方法来分析和测量企业文化力对组织绩效的影响；最后验证员工行为在企业文化力对组织绩效的影响中起到的中介作用。

1.2.2.3　理论意义

本书首次应用契约理论和组织行为理论对企业文化力和组织绩效的关系进行实证研究，将员工行为作为中介变量，使研究体系更加丰富。研究结果在一定程度上揭示了企业文化力的水平和作用机制，以及员工行为对组织绩效的影响。这一方面可以为优化企业文化力与员工行为对组织绩效的影响提供一定的理论依据，另一方面还可以为后续研究提供参考。

1.3　研究方法和技术路线

1.3.1　研究方法

本书在对企业文化力、员工行为与组织绩效的关系进行深入思考的基础上，采用规范分析和实证检验相结合的方法进行研究，即遵循规范分析—提出假设—实证检验的模式。

1.3.1.1　文献探讨

为了给本书的研究奠定一个良好的基础，本书通过对中文的学术期刊知网、万方数据库、中国排名前十的大学学报以及英文的 Proquest Academic Research Library（ARL）、EBSCO Host、PQDD 博士论文全文、Elsevier Science Direct on Site（SDOS）等数据库的全面检索，学习国内外学者关于企业文化力、员工行为与组织绩效等方面的以往和最新研究成果，在此基础上，找到了本书的切入点，试图将企业文化力、员工行为与组织绩效进行整合，研究此三者之间的关系。

1.3.1.2 深度访谈

本书拟采用半结构式访谈，采访来自不同行业、不同企业和岗位的员工，了解他们对企业文化力的理解，对这些采访资料进行编码、归类和总结，开发企业文化力测量量表。半结构式访谈是非常重要的质性分析方法，在社会科学的研究领域应用相当广泛。在访谈前，研究者事先列出访谈提纲，并在访谈中保持一种开放的方式，围绕与研究课题密切相关的问题进行提问。

1.3.1.3 问卷调查

通过对文献的阅读和分析，提出了各研究变量的构成及其测量题项，将这些问题与有关专家和企业家进行讨论后，形成本书的初步问卷，再通过预调研后，根据分析的结果，对某些题项进行了删减、修改和完善，以提高问卷的信度和效度。最后，用此问卷进行大样本调研。

1.3.1.4 统计分析

本书在获得问卷调查数据后，应用描述性分析、相关分析方法和结构方程模型等统计分析技术，对数据进行统计分析，对本书提出的假设和模型进行验证，分析企业文化力和员工行为与组织绩效的相关关系。

1.3.2 技术路线

根据本书的理论基点和实践提炼，提出企业文化力、员工行为与组织绩效之间的关系这个主要问题，然后根据已有文献对相关变量的概念、测量和相互之间的关系进行界定，在对样本企业的基本情况及其企业文化力、员工行为和组织绩效资料收集的基础上，进行数据的质量评估及相关假设的验证，最后提出本书的研究结论和不足，并对未来的可能研究方向进行展望。具体的研究路线如图1-1所示。

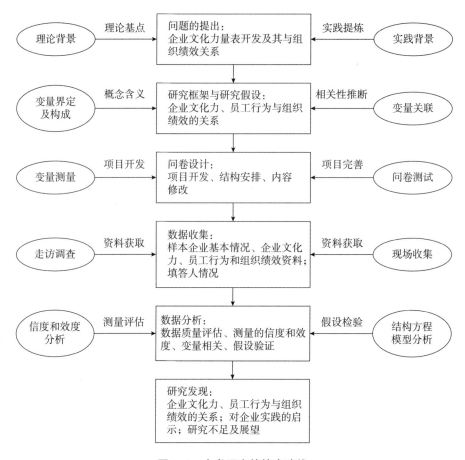

图 1-1 本书研究的技术路线

1.4 结构安排和创新点

1.4.1 结构安排

在研究问题、研究内容、研究方法和技术路线的基础上，笔者对本书做了如下安排：

第 1 章为绪论，主要就本书的实践背景、理论背景做出了阐述，然后提出本书的主要问题，并对本书的研究内容和研究意义、研究方法和技术路线、结构安排和创新点进行介绍。

第 2 章为文献综述，首先介绍了本书的理论基础，再根据后面研究的需要，对企业文化力、员工行为和组织绩效的相关研究分别进行回顾和整理，然后对它们之间关系方面的研究进行回顾和整理，为后文做铺垫。通过总结相关研究主题的进展和不足，找到本书研究的切入点，提出本书的研究问题。

第 3 章为模型构建，基于第 2 章的文献回顾，结合本书研究目的，本章首先通过深度访谈，对访谈信息进行编码和归纳总结，开发出企业文化力的维度和测量量表；然后通过推理和分析企业文化力、员工行为与组织绩效三大类变量间每两者之间的关系及三者的整合关系，建立相应的理论分析框架；最后详细分析企业文化力对员工行为及它们对组织绩效的影响，提出了一系列相关假设并构建了模型。

第 4 章为研究设计，本章主要考虑实证研究的方案设计，介绍企业文化力、员工行为与组织绩效的测量方法及问卷的设计过程，具体包括样本选择、变量测量和问卷设计等内容。

第 5 章为数据分析，本章先介绍本书的主要分析方法；然后对收集的数据进行数据质量评估；再运用样本数据对各潜在变量测量模型进行信度分析和相关分析；最后应用样本数据对研究模型进行结构方程模型分析，以检验样本数据对假设和研究模型的支撑情况。

第 6 章为研究结论与展望，通过将研究假设与实证结果做对比分析，概括性地总结和说明本书的主要结论，对结果进行讨论，并阐述它们的理论和实践意义；对于本书的不足之处也做了剖析，并为企业文化力和员工行为等方面的后续研究提出了一些参考和建议。

1.4.2　创新点

本书以企业文化力影响组织绩效的逻辑思路，构建了企业文化力、员工行为与组织绩效整合关系的理论分析框架，分别对企业文化力对组织绩效的直接影响和企业文化力通过员工行为对组织绩效产生的间接影响进行了理论探索与实证检验，揭示了三者的内部机理，与前人相关研究进行比较，本书主要有以下的创新：

第一，研究视角的创新。本书构建企业文化力、员工行为与组织绩效的关系模型，探索企业文化力对组织绩效影响的路径和机制，动态地展现了企业文化力在经营管理中的作用，而这些成果可以用于评价企业文化力现状，进而提升企业文化力水平以实现企业发展的战略目标。从研究视角上来看，本书具有一定的创新性。

第二，构念及量表开发。企业文化力是一个庞大的概念体系，涉及的内容比较多且复杂，本书是在高情境的本土化环境中开展研究的，通过深度访谈探索性地构建了企业文化力的四个维度，并开发了具有良好信度和效度的测量量表，从一定程度上丰富了企业文化力的内容和测量研究。

第三，理论及方法创新。本书以契约理论和组织行为相关理论为理论基础，通过构建相关理论模型，对企业文化力、员工行为与组织绩效的关系研究进行扩展，揭示企业文化力的作用机制，增强企业文化力对组织绩效的可预测性。在方法上，本书涉及质性研究和实证研究方法，验证企业文化力、员工行为与组织绩效的关系，为管理实践中的企业文化力指明方向，并提供更准确、更具操作性的理论指导。

综合上述，本书在丰富和发展企业文化力理论的同时，为企业通过企业文化建设来提高组织绩效提供了有益的借鉴。

2

企业文化力

文献综述

在第 1 章研究问题和研究内容的基础上，本章的主要目的在于围绕契约理论和组织行为理论，对企业文化力、员工行为和组织绩效相关文献进行回顾和整理，为后文的研究提供理论基础和铺垫，基于前人的研究经验来寻找本书的突破口。

2.1　相关理论基础

2.1.1　契约理论

知名经济学家科斯于 1937 年发表了题为"企业的性质"的论文，在现代企业契约理论的研究与发展中具有划时代的意义。科斯开创了企业理论研究的两个重要分支：交易成本理论和代理理论。前者重点围绕企业与市场资源配置方式对其所产生的影响展开剖析，后者则更加侧重对企业结构及成员间的代理关系的探讨。上述内容都将企业契约性质视为重要内容，因此现代企业理论的另一个名称即为"企业的契约理论"。科斯（1937）认为，企业是生产要素的交易，准确来讲应当是劳动同资本间的长期契约关系，具有权威性特征。Blair（1995）表示，不能单纯地把股东视为企业唯一的所有者，对企业而言，其并非只是单纯物质资产所构成的综合体，而应当呈现出契约架构特征，其主要作用是确保投资主体间形成密切联系并对其进行协调。对企业而言，包括债权人、顾客等在内的利益方通常都对企业给予了相关投资，而其中所蕴含的价值对企业而言尤为关键。Williamson（1985）被视为交易费用理论研究的领军人物，其对上述理论进行了充分的拓展。他强调，交易成本同以下两组变量之间具有直接联系，即人的因素和环境因素。尽管科斯把交易费用融入经济学理论，不过其并未对交易费用的起因和性质做深入分析。Williamson（1985）对交易费用进行划分，认为其包括事前和事后费用两部分内容，他表示，企业节约交易费用的原因涉及以下几点：一是同市场制度进行对比，削弱机会主义动机；二是同内部组织密切相连的活动都可被充分监管及审核；三是对内部组织而言，其更容易对各类矛盾与纠纷进行及时处置；四是能够将信息不对称产生的影响做出有效控制。根据 Williamson 的理论，交易成本理论强调"实施效果的描述"。交易成本理论处理决策、控制、强制实行权利在各方之间如何进行分配的问题。Alchian 和 Demsettz（1972）认为，团队生产资料的投入及所有人有资格胜任监督者角色并获得包括更改合约等在内的各项权利。其在产权和剩余索取权之间画上等号，希望利用适度产权安排的手段来帮助监督与激励中的各项难题得以化解。他们不赞同科斯的"在企业中权威命令替代价格机制"的观点，将企业视作合作行为，其不应当获得超越普通市场之上的各类约束性要求的权利，就契约而言，无论是商品买卖还是劳务雇佣，都不存在本质差异，市场同企业交易之间也没有明显区别，吴照云和王宇露（2003）强调，企业文化能够降低企业内部不确定性。即员工行为大多具备上述特点，对企业文化来说，其被视作合约失败的替代制度，能够对合约无法覆盖的范围展开有效弥补，对时空范围自身的不确定性进行控制。若正式合约无法对各类意外事件做出约束，企业文化就可针对员工行为建立相应的标准及价值系统，对其行为做出有效指引。因此，有学者认为企业的本质是合约关系。

借助契约理论能够对下列命题做出解释，即作为利益相关方企业应被看作合约联合体，而不是物质财富简单的聚集和物质要素的技术关系或生产函数。其通过人与人之间及组织间的相关联系对相关问题做出阐释，是基于其他角度对企业本质所形成的认识与说明。

2.1.1.1 雇佣契约

所谓"雇佣契约"，通常是指职工与企业由于彼此之间的协商洽谈所形成的双方权限利益联系，同时也称为成文协商与操作合同。雇佣契约的协议者是公司高级阶层所属的，公司理事是公司权益所涉及的安保方与授权者，全权代表公司权益和职工进行协商（统一协商与个人协商），此时，公司理事作为推行公司精神影响力的主体，作为权限相关方管理公司相关制度，而企业与职工签订雇佣契约之后，职工同时是企业内部的管理者，也被当成公司精神风貌的重要载体。协商本身不具有完全性特点，所以公司与职工进行协商订立的同时，在无法预知的情况下也必然拥有以上性质，彼此之间拥有有限管理和投机行为的表现，其进程花费也是不容小觑的重要元素，以上皆会引起在实际运营中协商的订立与推行遇到较大的障碍。因此，在公司制定协商时，应尽力强调如下方面：

（1）员工参与雇佣契约设计。企业职工参与合同的拟定，这样能够减少员工薪资有差错所引起的投机心理倾向，这将可能会使其他权益涉及者免遭一定程度的亏损。而对于经营方与所有方所具有的间接控制关系来说，经营者具备隐患防范的相关能力，它能够在权限授予者中进行隐患规避。在一定程度上，让职工进行协商拟定，对本人的权利及义务进行恰当的预算，并基于本人具备的知识与能力做科学评价，在员工和企业实现协商契约后，员工要对协商所涉及的政治、道德、伦理与管理法则、企业精神素质培养等环节尽力进行评估，从而有效地将员工和企业进行融合，让员工变成一个企业内部的"管理人"。这种模式既能让员工对自身的权益予以履行，又可使协商相关的其他权益方担负对应的职责。

（2）利益相关方之间的契约沟通。权益涉及方要努力保障与运营方进行实时沟通，要对彼此资料与权限予以了解并以此为对比，作为评判指标，尽力辅助公司与职工间的劳动合同拟定，在确保企业权益的同时，同公司理事及职工一起增强权益涉及方的交流合作，使公司和谐发展。而在同职工进行合同拟定时，运营方必须着力运用多种途径吸引公司现存的合作伙伴加入进来，让职工与公司彼此的合同拟定更为健全合理，并为将来公司在管理运营中不断革新决策给予信息保障。此外，让职工参与公司和其他权益涉及方之间的合同拟定，职工拥有一定的访问权限，这种访问权限的实现对职工管理及劳动进程中的责任履行与决策执行具有很大作用。

2.1.1.2 心理契约

Rousseau（1989，1995，2001，2005，2010）认为，心理契约是以传统社会交换理论为基础，用心理契约相关概念整合员工—组织关系是极其重要的，其也是普遍认可的一种重要范式。上述概念通常用于员工—组织关系之中，非书面要求与规定的彼此间对职责或期望的遵守或心理倾向，通常指从两者之间的某种关系形成开始，契约当事人之间所形成的二元关系（个体与组织和组织之间）下相互作用的期望和责任的主观理解。

Argyris（1960）最先在员工与组织关系中引入心理契约概念并开始应用，借助上述概念对企业内部员工及企业间的联系展开说明，不过也仅是单纯指出了相关概念，并未对其含义进行明确。Levinson 等（1962）围绕公共事业单位案例展开分析，将上述概念称作"未书面化的契约"，是对组织和员工彼此期望与默契的整体反映，通常是对员工与组织关系中所拥有的且尚未明确表达的各类相关期望所做出的说明。Schein（1965，1978，1980）表示，所谓心理契约是在组织成员中存在的某种尚未落实在书面上的各类期待性内容，同时对其展开划分，认为其涉及个体层面及组织层面两部分内容。尽管上述内容并未借助书面形式加以说明，但它是组织行为中极为关键的要素，具有决定性作用，另外，它强调的是对个体与组织交换关系所做出的充分描述。Kotter（1973）将心理契约视为隐形契约，它处在个体和组织内部，在双方关系中，希望任何一方的付出均能获取相应的回报。

从早期一系列心理契约的界定来看，很显然这是一个属于一开始就未完全明确心理相互作用的指向对象，其对心理契约中彼此作用与期望的指向并未做出准确说明，只对内在两大主体进行了明确，即组织与雇员，也就是说，它是主观层面上对上述主体交换关系所做出的解释。关于心理契约应该是以哪一方主体为切入点，有两种解释获得了较多认同，分别是将员工和雇主分开视作切入点，对其同雇主间交换关系及作用进行研究，并从主观上对两者的责任及期望做进一步理解，其重点以 Robinson 等专家的相关分析为代表，认为心理契约就是员工在交换关系中对职责、义务等从主观角度出发所形成的认识；Rousseau（1989，2001）强调，组织具有抽象性，在契约关系中，其创建了与之相吻合的环境，但并不能因此同内部成员充分达到上述要求。尽管代理人能够对员工间的心理契约做出认识并给出回应，但这对组织而言存在较大难度。Rousseau（1990）从狭义视角对上述概念做出说明，强调这个概念是基于雇佣关系对双方责任所做出的理念或认识，其对个体与组织契约关系进行分类，认为涵盖了交易型契约与关系型契约两大类，另外其在 1995 年还将过渡型契约等类型融入其中。Robinson、Kraatz 和 Rousseau（1994）提出，上述概念是雇员针对包括努力等在内的雇员贡献以及包括报酬等在内的组织诱惑间的相互联系做出的认识与理解。Rousseau 和 Parks（1993）将其视为允诺契约并涉及以下内容：期望、兑现和承兑。期望是由未来的一系列行动承诺构成；兑现则是用提供的东西去交换一个人期望有价值的东西；承兑则是自愿同意参与到契约关系中，暗示了双方当事人都要为彼此的心理契约承担责任，且要为当事一方选择违背或破坏约定承担责任。

Rousseau（2001）针对心理契约构建了较为完善的阶段模型，参照表 2-1 的相关内容可以看到，其被划分为以下四大阶段：

表 2-1　心理契约的形成阶段

雇佣前阶段	招聘阶段	早期社会化阶段	后期经历阶段
职业化标准，社会化信念	积极的承诺交换，雇佣双方围绕信息做出评价	继续承诺交换，雇佣双方展开搜索，组织内自由的信息搜索	继续的承诺交换，雇佣双方未针对信息展开积极搜索，组织简化社会化过程，对现存心理契约的调整

资料来源：Rousseau D. M. Schema.　（2001）. Promise and Mutuality：The Building Blocks of the Psychological Contract. Journal of Occupational and Organizational Psychology，74（4）：511-542.

（1）雇佣前阶段。在此期间员工会围绕工作、职业等建立相关信念，也就是所谓的"图式"，其大多不够完善，员工会对其展开整合，以此对雇佣关系产生更为合理的认识。管理者要努力寻求信息发布渠道并尽可能保持一致。

（2）招聘阶段。此阶段双方会围绕彼此的权利和义务做出进一步交流，确保对彼此承诺做出确认。雇主借助"真实工作预览"的方式使员工对工作环境、内容等有更为深刻的了解并帮助其进行评价。

（3）早期社会化阶段。对员工来说，其需要经历社会化过程，这是其适应组织所涉及的必经阶段，个体会借此完成信息采集并对其做出系统的对比和检验。在此阶段，员工信任度会受到不同程度的影响。

（4）后期经历阶段。心理契约具有动态性。就员工心理契约波动而言，其在以下两个阶段会表现得较为敏感：首先，员工连续工作 2~3 年的时间后需要对职位升迁做出考虑；其次，工作时间达到 5~6 年时可能会对个人工作充满倦怠情绪。管理者要从广义视角对上述概念中所涉及的彼此间的权利、义务内容及履行形式等进行适时调整。

由此可见，从现代管理学理论角度来看，企业组织作为生命有机体，员工心理契约与企业自身运营密切相关。所谓的心理契约，即蕴含在组织和成员内部且能够被认识到的某种价值期待，其为企业文化力奠定了扎实基础，也是其核心内容（聂清凯和何浩明，2012）。它是员工与组织保持平衡关系的关键基础，也是连通彼此的重要途径。从根本上讲，企业文化是心理契约的塑造，同员工自身价值的彰显、心理因素等有着十分重要的联系，其事关企业未来运营并起到潜在的关键作用。

2.1.2　组织行为理论

该理论建立在古典组织理论的基础之上，一部分内容借鉴了心理学和行为科学的看法与观点，且对组织理论进行了一定程度上的修正。陈璟（2013）主张，该理论重点在于突出人际交往和各种知识的交流，提出工作者应从企业的需求和自我实际出发构建组织架构。而张再林和齐虹（2007）则围绕"人"这一组织的关键与核心，展开对该理论的讨论。他们主张，企业应为实现人的价值而努力创建良好的企业发展环境，因此，组织行为理论中其所注重的是以人为中心的管理经验。

黄俭和汪洪源（2005）则从该理论在企业管理中应用的角度进行了如下分析：第一，该理论以"社会人"作为思想基础，认为管理活动的核心是人。运用该理论进行企业管理，可以有力提高企业的向心力和团队意识，充分激发员工的主动性和能动性，大大提高企业的经济效益，有利于企业的长远发展。第二，企业要想实现可持续性发展，必须建立科学合理的现代企业管理制度，同时要以组织行为理论与方法为有效补充，即在建立健全现代企业管理制度的基础上，科学合理地引用组织行为理论的有关方式方法，从而提升企业的管理水平，快速实现企业的预定目标，促使企业不断向更长远的未来发展；两者的相互作用能产生强烈的作用推动企业可持续性发展。要想成为一名成功的企业管理人员，就要不断加强对这两方面技能的学习、摸索及运用，只有掌握了这两种实用的工作技能，才能有效激发和动员员工，共同促进企业的良性发展。

尤小波（2015）对以上观点持赞同意见，其也认为该理论的精髓在于以人为本，即关注员工的各种需求并竭力使其需求得到满足，管理层借此来平衡企业与员工的关系，以促成经济效益最大化。有关管理层利用有效的组织行为，形成对工作的强大助推力，以此提升企业的凝聚力和向心力，从而使企业整体散发积极向上的正能量。陈春花（2016）进一步阐释认为，企业文化的最终目的就是在其影响下培养员工习惯的行为和行动模式及明确的价值选择。这种影响是潜移默化的，使员工在日常工作中会以一种自觉、自然的行为去遵守、去行动，以此提升企业的效率及经济效益。

2.2　企业文化力

2.2.1　概念缘由

2.2.1.1　文化

文化是一个典型的外来词汇，其源于拉丁文"cultura"，在英语和法语中写作"culture"，意思是耕作。现在"文化"一词多指一种抽象意义上的区别现实行为与构成行为的信念、价值观等。《大英百科全书》中认为，其含义包含两种：一种是一般的概念，认为文化就是人类总体社会遗产的统称；另一种是一个相对的概念，指的是一种由集体成员所共有的历史生活机构体系，包含这一集体的传统、习俗及制度，有价值的思想、信仰，乃至在物质或制造工具中的表现等。Rousseau（1989）认为，文化指的就是当地的风俗民情，尤其是舆论。其有三个方面的特点：一是人们永远铭记于心，即代代相传，早已深深刻进人们脑海中，不会在短时间内被人为抹去或自行消失。二是发展缓慢，每天都在发挥影响并对权威施压。尽管对人们生活的影响看似无形，但这是一种潜移默化的力量，实际上每天都在影响人们的生活和思维方式、行为习惯，不知不觉地对现行的一些权威法则等产生重要的影响。三是使人们在心中保有法规意识，提醒人们不要忘记正在消亡或已经消亡的一些约定俗成的法则，保持人们对约定俗成法则的尊重。Tylor 和 Edward（1971）则主张文化是一个名副其实的"杂家"，包含众多领域，如信仰、艺术、习俗和任何社会个人所获得的任何能力或习惯等。他率先对"文化"一词做出了清晰、全面的解释，因此这也成为"文化"最具代表，也最广为人知的一种定义。这个解释指明，文化为人类所独有，只有人类才能创造并弘扬文化。因为只有人类才能驾驭语言，才会拥有各种意识形态与社会制度，只有人类才会拥有道德和各种礼仪，并进行约定乃至遵守。管理学家一致赞成以下对文化的阐述：人类生活方式和认知世界的方式统称为文化。一般来说，文化指的是人类的态度和行为方式，是世代相传并为人们广泛认知接受的价值和行为。

文化与社会经济紧密相连，其由经济所决定，并反作用于经济，对经济有重要的影响。Weber（1904）认为，科学的文化精神引导人们进行合理的行为举止。一个地方的经济发展深受当地文化的影响，若文化完善且丰富就会极大促进当地社会经济的发展。在他看来，一个地区的文化决定了该地诚信度的高低，而诚信度又对交易成本有重大影响，诚信度高，则交易成本就小；反之，诚信度低，交易成本就会高。交易成本一旦高过了利润增长，势必会影响企业的经济效益，进而影响整个地区的经济发展。在经济活动中诚实守信或遵守契约精神是一个地区经济运行良好的重要标志，也是一个地区经济是否具有可持续性发展的重要前提，并且是有效促进社会经济发展的首要条件，其反映某一地区文明程度。守诚信就会有效降低市场交易成本和费用，积极促进经济发展。Drucker（1966）将文化与管理两者结合起来解读，认为管理实际是一种文化和精神，有自己独有的信仰、工具与表达方式等。同时，文化也是管理的一种方式方法，其作用表现如下：第一，借助文化，企业可以培养员工的企业意识，统一员工思想，加强企业的团结，利于员工的自我控制；第二，企业要进行改革创新和不断发展必须要以文化为思想指引，提高企业对社会、市场等外部环境的适应能力；第三，文化有利于人际关系的协调，产生巨大的群体协作效应；第四，企业文化是提升企业社会知名度和形象的重要手段，优秀的企业文化有助于企业树立良好的社会形象，有效提升企业社会声誉，扩大社会影响力和知名度。哈佛商学院经过长时间对世界各国组织的研究，认为组织具有的特定文化是当代社会影响组织本身业绩的重要内在因素。

2.2.1.2　企业文化

20世纪80年代，企业文化作为一种崭新的管理思想登上了历史舞台，其因美国企业界应对来自日本企业界的挑战而生。Deal和Kennedy（1982）在《企业文化——企业生活中的礼仪和仪式》一书中论述道：每个企业都有自己独特的文化，区别只在各自文化强弱程度的不同。经过对近80家企业深入研究后，他们得出结论：顶尖成功的公司多具有强而有力的企业文化。并且他们在书中提出了企业文化包含的五个特点：企业环境、价值观、英雄、习惯和仪式、文化网络。这种对企业文化的解析角度被后人普遍采纳，本书也被后人奉为研究企业文化的奠基之作。而另外包含《Z理论——美国企业界怎样迎接日本的挑战》《追求卓越——美国管理最佳公司的经验》在内的三部著作宣告了企业文化研究的兴起。《Z理论——美国企业界怎样迎接日本的挑战》由William（1981）所著，其在书中称美国企业的管理特点为"A型组织"，强调速度、个人、数字和利润，而"Z型组织"则具有某些宗法制度的色彩，是一种大家庭式的管理。日本企业实施的Z型管理促进了"集体主义价值观"的形成，这被认为是日本企业超越美国企业的主要原因。Pascale和Athos（1981）提出了"7S"模型

（战略、结构、制度、作风、技能、人员、最高目标），其综合比较日美两国企业得出如下结论：美国企业多侧重于"硬S"（战略、结构、制度），日本企业则对"硬S""软S"（作风、技能、人员和最高目标）同等重视。"7S模型"为企业的软性管理提供了证据。在《追求卓越——美国管理最佳公司的经验》一书中，Peters和Thomas（1982）提出了美国优秀企业在企业管理上具有的八项特征，包含行动速度、锐意革新、扬长避短、管理艺术等，在两位作者看来，美国企业之所以能与日本企业相抗衡，是因为美国企业尊重个人独立人格，并能以不断的创新管理来适应社会和市场等外部环境的变化。由于以上几本著作的诞生，企业文化理论开始迅速风靡全球。

随着企业文化理论在世界范围内的广泛运用，其对企业管理的重要作用也越来越被人们所认可。Schein（1992）认为，文化是重要的、不容忽视的存在，其强大、隐蔽且无形，对个人或集团的行为方式、思维模式和价值观等具有决定性作用。企业文化在企业发展中处于重要地位，企业的战略、目标、运营模式都由企业文化来决定。因此，只有创造出一种自我激励的企业文化，使组织内部成员具有共同的目标和利益，为员工创造良好的工作和人际交往环境，为他们提供更多实现满足个人的机会，才能真正激发其内在创造性，使企业获得可持续发展的强大动力。陈春花（2016）认为，企业文化是在企业范围内共同遵守的信念、价值观和行为准则，其能促使全体员工形成一种共同的行为模式，这便是企业文化最强大力量的有力体现。对于一家企业来说，其最大的推动力来自于员工有价值及有效率的行为模式，企业文化也对组织成功起着决定性的作用。

2.2.1.3　企业文化力

"企业文化力"概念引申自"企业文化""文化力"两个概念。"文化力"是由日本学者名和太郎（1987）提出的，其阐述了文化对经济的重要影响。随后美国哈佛大学教授特伦斯·迪尔与麦肯锡管理咨询公司顾问阿伦·肯尼迪（1989）在著作《西方企业文化》中提出，每种组织都会存在一种文化，且具有各自的力量。Kotter和Heskeh（2002）则率先提出了

"企业文化力"这一概念,以说明企业文化对企业效益的重要作用。Denision(2005)则认为,企业文化力不是一个单一变量,而是一个由相互发生作用的多变量集合而成,作为整体对企业发展产生影响,具有综合性的特点。后来在企业文化研究中,"企业中都有一种文化""文化中存在力量"的观点被普遍接受和认同。

20世纪90年代,"企业文化力"概念正式被我国学者提出并加以研究。贾春峰(1998)率先提出"文化力"的概念,其包含三种因素:一是包含科技、教育在内的智力因素;二是包含理想、信念等在内的精神因素;三是包含文化网络及作用于现实生活的传统文化因素,并从理论上进行了分析和论证。在作者看来,该力对经济发展起到了推动、鼓舞、引导等作用。对企业来说,文化力是必不可少的存在,否则就会失去企业的凝聚力,失去企业的核心竞争力。樊浩和马成志(1994)认为,管理必须在特定的文化背景中才会显示作用,中国管理就是一种典型的有特点的文化力管理,其特点包括亲和力、凝聚力、感召力、导向力。曹广斌和何伟林(2002)更进一步确认了其导向、凝聚、激励和促进等作用。

然而,文化并非文化力,企业文化也并非企业文化力。两者名称相似却不等同,属于两个概念。企业文化是企业的核心,是存在于企业内部的文化基因和精神象征,是一个静态的概念,是企业文化力存在的前提条件;企业文化力指的是其对经营管理产生的作用,是一种对企业内在精神力量的动态运用,借助文化之力弘扬企业的价值与理念,增强企业实力,实现企业期望的目标。其是一个动态的概念,来表现企业在发展中克服困难、开拓进取的状态。总而言之,两者互为基础、互为依赖,企业文化借助"文化力"这一手段推动企业管理,是企业文化力的源泉;并且企业文化力随实践而不断改变且丰富企业文化的内容,是企业文化要素的精华,其以一种力量推动企业发展。这一概念包含三方面的基本含义:①其是企业的核心,在企业发展中很有价值,十分珍贵,很难模仿,并难以取代,是企业员工经过长时间的影响培养出来的"积累性学识"(Prahalad & Hammel, 1990)。②其主体和客体均为人,是围绕人进行的作用于人身上并能指导、约束、激励员工的行为规范。③企业文化力具有综合性,不是一种变量,而是多种变量的集合,各变量间既相互作用,又以整体形式作用于企业发展。对企业而言，企业文化力直接决定企业文化的好坏和强弱，因此从管理的角度出发，管理企业文化实际就是管理企业文化力。文化是文化力量的源泉和前提，只有企业文化存在，才会有企业文化力的存在。而只要拥有企业文化，就要有相应的企业文化力产生。企业文化决定企业文化力。在此作用下，企业的发展、成长乃至风格各不相同，从而形成了如今丰富多彩的市场环境。所以我们必须系统解构企业文化力，才能全面把握其含义。

2.2.2 基本构成

企业文化力系统包含于企业综合竞争力系统之中，自身也是一个综合系统，由多种因素组成，且在这些不同因素的相互影响下，对企业发展起着不可忽视的作用（Denison，2005）。为提高企业文化力，国内外研究者对其构成体系展开探讨，比较主流的学说如下：

一是三维同心圆说。Schein（1992）依据其表现层次可识度的难易，将文化分为三个层次：表象—表达的价值—共同默认的价值。戴明月和杨浩（2007）提出，其由行为、制度、精神三种文化力组成。谭茜元（2009）则认为，其由企业的精神力、行为力、形象力组成。根据戴月明和杨浩（2007）、杨浩和宋联可（2013）的研究，企业文化力一般由行为、制度、精神三种文化力组成。

二是四维结构说。魏光兴（2004）认为，其可以称为企业文化竞争力，由以下四种竞争力组成：物质文化竞争力、行为文化竞争力、制度文化竞争力、精神文化竞争力。丁政和张光宇（2007）则提出，其由思想力、策略力、行动力、形象力组成。与魏光兴观点一致，吴慈生和李石海（2009）也赞成企业文化力由物质、行为、制度、精神四种文化力组成。

三是五力要素说。特伦斯·迪尔和阿伦·肯尼迪（1989）提出企业文化力体系由五要素构成，分别是企业环境、价值观、英雄任务、仪式、文化网络。周松平和朱亦兵（1999）同样认为企业文化力由五力构成，分别为智力、精神力、形象力、结构力、传统力。

2.2.3 研究进展

当前，学者们的研究重点集中在如何在不同经济条件与文化背景下提高企业的经济效益，其中提出了许多有关企业文化力及评价的内容。例如，日本的三隅不二教授分析了经济效益、领导行为力和情景管理各种参数之间的关系；荷兰教授霍夫士泰系统论述了企业文化与经济效益之间的相互作用；英国学者针对企业内部组织气氛与经济绩效彼此间的联系展开了探讨；美国学者约翰科特就企业文化与企业长期的经营效益间是否存在真正关联进行了系统的探讨，并针对企业文化力指数计算方法进行了研究。由此可见，探究企业文化力及其评价已经成为企业可持续发展中的一个重要的课题。

1992 年中国正式提出"文化力"这一概念，并进行研究。秦在东（1995）在《现代企业管理新方略》一书中提出"企业精神力"这一看法。贾春峰和黄文良（1995）率先在《工人日报》中提出"文化力"这一概念，并从理论上进行了研究。在他们看来，文化力是市场经济的推动力、导向力、凝聚力和鼓舞力。肖冬松（2002）提出，文化力是社会合力之一，反映社会的经济与政治，又作用于社会。其主要体现为四力：粘合力、理解力、规范力、牵引力。其由以下四种基本因素组成：文化观念、文化主体、文化传播介质、文化对象。四种因素相互结合作用便产生了文化力。因此，要不断提升四种因素，促成文化合力，这是促进文化力的最根本手段。周正刚（2003）提出，文化力是社会经济发展的助推力，影响着政治进步和社会稳定，也是提高人民素质的重要手段，是衡量综合国力的重要条件之一。

戴明月等（2007）提出，文化力促进经济发展是人类智慧的体现之一。知识经济复苏是人类文化觉醒的重要表现，也推动文化力的发展。目前，许多发展中国家达成了"知识经济、文化先行"的共识。文化力是关乎企业生死存亡的大事，没有文化力，企业的凝聚力和外部竞争力就无从谈起。因此，企业一定要重视文化力的培养，这是市场经济发展和企业内部开拓进取的必然要求。

赵光忠（2003）提出，文化尽管是一种无形之物，但却在社会生活和组织结构中广泛存在，且借助人这一社会生活和组织结构的主体行为体现出来。同时，文化作用于人这一过程表现的是其对社会和组织的推动作用，这就产生了文化力。樊浩和马志成（1994）指出，管理的实施必须在特定的文化背景下，中国管理是一种富有特点的文化力，包括家族的亲和力、情理的凝聚力、入世的感召力、道德的导向力。曹广斌和何伟林（2000）明确了企业文化力具有的五种作用：导向、凝聚、激励、控制、改造。表2-2是不同学者对企业文化力的研究综述。

表2-2　企业文化力研究综述

年份	作者	内容
1987	［日］名和太郎	《经济与文化》一书重点论述了文化对经济产生的作用
1989	［美］阿伦·肯尼迪	《西方企业文化》提出，每个组织和企业都存有文化的力量
1997	贾春峰	《文化力观》一书中提出，文化力包括导向力、凝聚力、推动力、鼓舞力
2001	廖为宏	《试论企业文化力》中指出，企业文化力借助引导全体成员的思想和行为的方式，调节企业文化管理，协调各方要素关系，以此提高经济效益
2002	［美］科特和赫斯克特	《企业文化与经营绩效》一书论及"企业文化力"，针对企业文化对效益的关系展开了研究
2003	赵光忠	《企业文化与学习组织策划》一书中提出，人与社会是文化的主体，无形存在于人们的社会生活中，并借助人和组织的具体活动展现出来，同时对人、组织、社会起着重要的推动作用，这是文化产生的力量——文化力
2005	［美］丹尼森	《企业文化调查模型》中认为，企业文化力是一个多变量的集合体，各变量之间相互影响和作用，且又作为一个整体影响企业的长远发展和发展状态

年份	作者	内容
2009	谭茜元	《企业文化力构成要素及评估体系》中认为，其是企业极力奉行的价值理念，它对外可以影响利益相关者，对内可以提升企业员工的综合素质，加强企业的凝聚力和向心力，类似一种心灵鸡汤，作用于内外环境，以达成企业的战略目标
2013	杨浩、宋联可	《企业文化力机制研究——基于战略人力资源管理视角》中认为，文化力以文化为背景促进企业经营管理活动的有效开展，有助于企业可持续发展，给企业和社会带来多重影响。本书架构起中国企业文化力的评价体系，认为其与内部职业机会、工作规程有很大关联，并且重点论述了人力资源管理与企业文化力之间的联系
2015	徐耀强、李瑾	《企业文化力》提出，企业文化力即企业文化上存在的竞争力，是企业可持续性发展的重要推动力。本书针对企业文化力的内涵进行了探讨，构建了企业文化力的结构模型，解释了企业文化力的测量方法

我们对企业文化力的界定、构成及研究进展进行了系统回顾并有了比较全面的把握。企业文化力的定义虽然繁多，但却表现出内在一致性，大部分学者都认为企业文化力最核心的内涵是对企业发展的一种作用力，是企业可持续性发展的重要推动力。企业文化力如何衡量是最为重要的一个课题，尤其是对于企业文化力的实证研究至关重要。在目前的研究进度中，对企业文化力的研究相当一部分停留在结构模型的构建和测量方法上，但是还没有得到广泛的认同和推广。后续研究应从实证角度着重检验企业文化力与组织绩效之间的关联，并对文化力作用机制和功能方面展开更深层次的研究。

2.3 员工行为

有关员工行为方面的研究在组织行为学领域最为普遍，它直接影响组织的有效性。对于企业来说，目标和效益都必须借助员工行为来实现。人既是企业文化力的主体，也是客体，文化力以人为本，以人作为行为的载体。企业文化力借助员工来实现，体现在员工的具体行为之中。在员工行为的测量上，可以采用客观法，同时也可以采用主观法来测量。客观法是将一些客观数据当成员工行为的依据，如个人的实际生产量、次品率、缺勤率、人为过失、流动率、生产效率等。一般而言，这种测量指标能较客观地反映员工的表现，但却由于行为指标容易受情景因素的影响，往往难以判断是否由个人因素所造成；而且，在许多工作当中，很难找到可供测量的客观指标（Cascio，1991）；更为重要的是，要获得员工的客观行为数据需要花费大量的时间、费用及耐心进行深入的长时间跟踪，这对研究者来说造成了巨大的障碍。因此，采取主观法来测量个人的行为是组织行为研究领域通用的方法，通过回顾相关文献发现，在员工与组织关系方面，员工变量一般包含组织承诺、组织公民行为、离职倾向等。因此，主观测量法主要关注的员工行为包括组织承诺、组织公民行为和离职倾向，这些对于员工表现出良好的绩效至关重要，同时也是学界关注的重心。所以，依照对员工行为研究的主流顺序，以下将分别对组织承诺、组织公民行为、离职倾向做出综述和相应评价。

2.3.1 组织承诺

2.3.1.1 组织承诺的概念及维度

组织承诺的概念由 Becker（1960）最先提出，在他看来，组织承诺是员工在组织投入增加、成本提高的情况下不得不使自己对组织做出承诺的一种心理倾向。Porter 等（1974）将组织承诺定义为"个体对组织的投入与认同程度"，并指出这一概念由三部分组成：第一，个体对组织目标和理念具有强烈的认同感；第二，个体在主观上希望为组织做出自己的贡献；第三，个体渴望维持自身在组织中的成员资格。Mowday 等（1979）提出，组织承诺实际反映的是个人对组织的一种认同或肯定态度，它反映的是个体对组织的依赖程度和参与该组织的相对程度，并编制了组织承诺量表，一共包括15道题，分别测量员工付出努力的意向、忠诚、顺从、留职、内化、目标一致及关心组织等。O'Reilly 和 Chatman（1986）参照态度改变理论，将其由浅入深分成三个层次，分别为顺从、认同、内化。其中，顺从是为了获得奖励而做出的一种应对行为；认同则指员工欣赏组织的价值和目标，愿意接受组织的领导；内化则意味着员工在与组织的价值观、目标高度一致时，体现出来的行为。Meyer 和 Allen（1991）认为承诺包含三种：情感承诺、持续承诺、规范承诺。情感承诺指成员对组织感情上的依赖，这种依赖会使个人认同组织的目标和价值观，进而内化为自我价值的认同，此时个人会以组织为荣，个人价值观也会与组织价值观保持一致。O'Reilly 和 Chatman（1986）认为，个人愿意为组织牺牲自我利益，员工对组织的这种忠诚度关键在于对组织情感上的依赖，而非为了物质上的利益。持续承诺指个人与组织继续维系聘雇关系，这种关系的维持凭借的是物质利益而非情感依赖，员工为了拥有现有地位和薪酬待遇而被留在组织之中，如退休金、精力投入、职位资历等，通常被称为离职成本。因此，这种承诺又被称为顺从或者工具承诺。规范承诺重在突出个人与组织的义务关系，其主张企业员工历经组织多年培养，会下意识生成一种类似义务或道德上的承诺（Kanter，1968；Weiner & Gechman，1977；Marsh & Mannari，1977；Wiener，1982），经过长时间的影响，而灌输以下思想：对组织忠诚才是值得表扬与激励的行为，这样个人就从内心产生出对此思想的认同和顺从。Meyer 和 Allen（1991）的这种对组织承诺的划分得到了学术界的普遍认同，由此产生出许多以此为框架的研究实例。然而有研究指明，三维组织承诺模型并不具有明显的区分和聚合效度，三种维度之间的关联性过强导致概念上的重复。需要说明的是，Meyer 和 Allen 也曾建议将持续承诺进一步细化为缺少机会和个人损失两个维度。

Blau 和 Gary（2001）在参照 Meyer 等三维模型的基础上，借鉴 Carson（1995）提出的持续承诺由累积成本承诺和选择限制承诺组成，将组织承诺分为四个维度：感情承诺、规范承诺、累积成本承诺、选择限制承诺。累积成本承诺指个人在现有组织中所投入的全部时间、精力及在组织中建立的人际关系，一旦离去就会带来相应的后果及成本。选择限制承诺指目前存有辞职想法，但苦于选择余地有限而暂时放弃，但一旦有好的时机就会选择离职的一种承诺。近年来，我国一批学者提出了五维模型的说法，是对中国员工组织承诺的全新解读和研究。凌文铨（2001）对中国职工进行了长期实地的研究考察，并据此提出了组织承诺的五维模型，分别是感情承诺、规范承诺、理想承诺、经济承诺、机会承诺。该模型是对三维模型的深度挖掘，并从中国特殊背景的角度出发，将持续承诺进一步细分为理想承诺、经济承诺、机会承诺。王重鸣（2002）则提出其表现的是对组织的忠诚度，是一种极负责任的情感和行为，其源自个体员工与组织目标和理念的高度认同上。

尽管学术界对组织承诺有多重维度的划分，不过归根结底，其要展现的实质就是个体成员对组织的肯定与依赖，同时希望继续待在组织内的心理倾向。这一点在理论界基本达成共识，需要指出的是，组织承诺的概念内涵同样需要充分考虑特定情境的文化研究议题，因为作为一个主观感受的概念，它在很大程度上要受到不同情景和文化的影响，不同文化背景和制度安排的员工对组织承诺的认识存在显著的差异。

2.3.1.2 影响组织承诺的因素及其结果变量

影响组织承诺的因素是学者研究的重要课题之一。Mowday、Porter 和 Steers（1982）认为其包含四个前因变量：一是个人特征，如年龄、教育程度、性别等；二是工作特征，如工作范围、工作挑战性、角色冲突等；三是组织特征，如组织名称、规模、正式化、参与程度等；四是个人的工作经验，如个体在组织中的定位、个人对组织的期望等。具体来说，针对第一个变量，即个人特征变量，Sheldon（1971）、Hrebiniak（1974）和 Steers（1977）的研究都一致证实年龄与组织承诺之间存在正相关关系，年龄越大对组织承诺表现出的承诺感就会越高。Meyer 和 Allen（1991）经过研究还证实那些年龄偏大的员工对组织在情感承诺上的表现尤其明显。而 Koch 和 Steers（1978）、Sulivan 和 Mowday（1982）的研究则发现，教育程度与组织承诺之间存在着负相关关系，意思就是当个体员工的受教育水平越好、学历越高时，其对组织表现出的承诺感就会越低。在工作特征变量上，Wiener 和 Vardi（1980）、Martin 和 O'Laughlin（1984）及 Kushman（1992）曾研究过组织承诺与工作满意度之间的关系，经研究证实员工对工作表现的满意度越高，相应地对组织产生的组织承诺感也会越高，即两者之间存在着一种正相关关系。Meyer 和 Allen（2000）的研究也同样发现，工作是否具有难度、员工是否对工作满意、满意度高低均会影响员工对组织的感情承诺。在组织特征变量上，Eisenberger（1990）提出了新的研究观点——互惠规范和交换理论，认为员工渴望接收到组织给予的关心、认可与理解等，一旦组织让员工有此感受，那么员工就会对组织产生更高程度的组织承诺。Shore 和 Wayner（1993）经过长时间的研究也得出同样的结论：组织给予员工的支持、理解、认可程度越高，其在情感承诺上获得的员工承诺度也将越高。

Mathieu 和 Zajac（1990）的研究认为，组织承诺的前因变量包含八个方面，除上面刚刚提到的个人特征变量、组织特征变量、工作特征变量外，还包括激励、工作满意度、团队与领导关系等因素。若再进行深层细分，影响组织承诺的前因变量还会继续增加。

总体而言，围绕组织承诺的结果变量分析大多是站在个体角度进行。Steers（1977）针对上述问题设置结果模型，把包括员工出勤率等在内的相关因素视为组织变量，借助实证分析得出组织承诺和员工离职意愿间具备高度相关性，认为其同时对出勤率和员工流动呈现中度相关，同时组织承诺与个人绩效表现出微弱关联性。Mowday 等（1982）在分析中强调，结果变量涉及包括工作绩效、缺勤等在内的多项内容。

Mathieu 和 Zajac（1990）认为，组织承诺中较为多见的结果变量涉及包括离职倾向、出勤等在内的六大内容。Meyer 和 Allen（1990）表示，组织承诺涉及的内容存在较大差异，其与员工行为的影响程度也表现出较大差别，其中最为突出的是感情承诺同工作调整意向存在相关性。同时，其与员工个人行为的影响职业发展之间有着较为密切的联系。组织承诺与员工工作满意度间的相互联系是理论分析的焦点内容，不过关于两者的关系分析中的分歧也较为突出（Mowday，Steers & Porter，1982；O'Reilly et al.，1980；Lance，1991）。除此之外，借助文献梳理可以看到，针对组织承诺和组织绩效间的相互关系的分析，大多数专家并未从组织层面对其加以论证，这应该引起关注，这对进一步揭示组织承诺的功能和作用机制非常关键，此类分析可帮助组织承诺管理与绩效间形成更为密切的联系。

2.3.1.3 组织承诺在中国的研究

在中国，有关组织承诺所做出的分析研究时间较短，不过最近十几年众多专家针对此项内容的研究投入了更多的精力，也获取了较为突出的成果。其中凌文铨等（2001，2002，2004）的研究具有典型的代表性，针对中国职工组织承诺的内容及结果开展了一系列卓有成就的研究。其借助访谈、科学实验等多种方式拟定了中国情境下职工组织承诺问卷并对其心理结构展开深入剖析，建立了五因素模型，具体内容涉及感情承诺、规范承诺等多方面内容。具体来说，感情承诺即围绕组织所展现出的认同感并希望为推动组织的持续发展贡献个人力量。在这一前提下，不在意报酬得失及各类诱惑，面对诱惑不会选择更换岗位。理想承诺即对自身发展及理想目标的实现较为关注，尤其是对个人在组织内部是否能够充分展现特长、组织是否能够为个人提供进一步学习和提升的机会等给予高度重视，确保理想目标的达成。规范承诺在企业态度与行为上将各类规范及职业道德视为基本标准，具有组织责任意识且恪尽职守。经济承诺强调的是在脱离组织后对经济受损的问题有所担忧，所以才继续为现有单位服务。机会承诺即从根本上讲没有脱离组织是由于尚未发现更为合适的岗位，或碍于技能所限等未能找到更为适合的工作职位。

另外，其对组织承诺影响要素及结果变量做出了深入分析，通过进一步研究可以看到，组织承诺各方面内容对绩效呈现出较为明显的差异。如机会承诺、感情承诺同离职意愿之间分别呈现出高度相关和负相关关系；感情承诺主要对员工的利他行为、工作努力程度、提出合理化建议具有显著影响；规范承诺对努力程度、提出建议存在影响；理想承诺对组织目标的认识和接纳、感受工作乐趣等有着更为突出的表现；对经济承诺型而言，员工通常会对工作和高层管理者的压力有较为突出的感受，在此情况下，其会表现出对领导及岗位的认同行为并认真工作，但仍有离职倾向性。感情承诺影响要素涉及对组织及团队的信任度、可依赖性等；规范性承诺包括员工自身的社会交换、依赖性即团队协作意识等；理性承诺涵盖了对管理者的信任度、受教育水平、岗位、组织晋升机制等内容；经济承诺则涉及员工工龄、年龄等多方面因素。

还有部分研究者也围绕上述内容做出了认真分析，为推动国内人力资源管理理论的发展做出了大量努力。具体来讲，刘小平和王重鸣（2001）通过对中西方文化进行深入对比分析从而对组织承诺展开深入探讨，在此基础上构建了社会交换组织承诺模型并做出进一步验证；郭玉锦（2001）针对这一内容，围绕中国化影响要素展开分析；张勉和张德（2002）将国内员工作为研究对象，围绕组织承诺的三要素模型做出细致研究；王辉、忻榕和徐淑英（2006）对国内企业管理者领导行为展开深入分析，并对其同员工组织承诺间的相互联系展开探讨；陈永霞等（2006）将心理授权看作中介变量并采用实证方式对当前国情背景下改革型领导同员工组织承诺的密切联系展开说明。

2.3.2 组织公民行为

2.3.2.1 组织公民行为的提出及概念维度

Organ 等（1983）最先针对组织公民行为建立相关概念，他强调的是组织并未做出明确要求也不受相关系统控制，但总体依然能够帮助组织展开正常运行的个人行为。绝大部分专家表示，上述概念源于"想要合作的意愿"，就组织系统来说，内部任何个体的合作意愿都是十分重要的组成部分。Katz（1964）强调，非员工主动创新对组织目标的达成能够起到极为突出的作用，这显然是组织公民行为概念的初级表现形式，同后来的相关研究密切相关。

基于 Organ 的研究成果对部分同上述概念具有联系的相关内容展开验证，包括角色外行为（Van Dyne, Cummings & Mclean Parks, 1995）、公民职责（Graham，1991；Van Dyne，Graham & Dienesch，1994）、亲社会行为（Brief & Motowidlo，1986）、组织自发性（George & Brief，1992），以及情景绩效（Borman & Motowidlo，1993；Motowidlo，Borman & Schmit，1997）。尽管理论界针对上述概念做出了相应划分，但并未形成具有一致性且更为明确的概念。Graham（1991）与 Van Dyne、Graham 和 Dienesh（1994）的研究指出，组织公民行为主要包括三类重要的行为范畴：一是组织服从。相关成员必须对组织内部的相关制度要求给予全面认可和接纳。二是组织忠诚。成员要尽力对组织的良好声誉展开维护并要同组织的各项决定保持同步。三是组织参与。全心投入到组织的各项活动和工作中去，包括那些义务外的活动与工作。Organ 强调，如果把组织公民行为视作"角色外"或"未被正式报酬系统奖励的"是不够的，因为这里面涉及很多难以界定的概念，如角色、工作职责等。鉴于此，他表示，应当将组织公民行为看作同"情景业绩"相近的概念，即能帮助人完成业绩目标的各类社会、心理因素等（Organ，1997）。Van Dyne（1995）指出，对角色内外行为做出合理划分对组织公民行为来说有着十分关键的价值。

学术界在过去 20 年间针对上述理论的起源及发展进行了更为深入的探索和分析。Farh（2002）表示，当前有关这一概念所形成的各类理论均是西方学者立足于各自文化及社会背景所展开的探讨，而这些内容大多在西方文献中做出了较为清楚的总结，但其显然同中国社会和文化之间存在一定冲突，因此其在适用性上存在较多问题。George 和 Jones（1997）强调情景因素对组织公民行为具有较为明显的作用，重点涉及个人、群体情景等方面。Farh 等（2002）在此基础上加上了国家文化和经济体制这两方面的情景因素，因为在他们看来这两个因素无处不在，在确定员工自主贡献的性质、意义和形式上产生非常重要的影响，经济体制则是保持并提高任务业绩的社会、心理和政治的情景，从而有助于组织的生存、发展和有效性。因此，Farh 等（2002）通过开放式调研归纳出中国情景下的组织公民行为的概念维度。

针对西方国家在上述概念中所进行的研究，Farh 等（2002）对此进行了较为细致的归纳和说明，通过广泛的文献回顾，他们发现了西方文献中提到的九个维度，即利他主义、责任心、建议等。其利用归纳性分析对中国范围内的组织公民行为维度做出总结，所得到的研究内容达到了 11 个，其中在西方维度中有过较为近似内容的部分约为五个，其他部分则尚未出现过与之相吻合的内容。其中，共有维度涉及包括主动行动、同事协助、参与集体活动以及树立企业形象等在内的相关内容，而其余部分涵盖了自我学习、开展公益活动、削减企业资源消耗、维持工作区域整洁等六部分。上述研究显然对中国社会背景中的相关理论分析有着极为关键的价值，并且由此可以证明，中国与西方有着截然不同的文化背景、政策和制度，西方得出的组织行为学的理论框架和概念范畴并不能简单地复制到中国，在中国做研究需要考虑本土化的问题。

2.3.2.2 组织公民行为的前因变量及结果变量

组织公民行为同组织有效性、组织综合运营业绩有着极为密切的联系，这已经被相关专家所证实。那么，到底哪些因素会直接或间接地影响组织公民行为？也就是说，影响到组织公民行为的前因变量包括哪些？这自然成为研究领域的热门话题。中国学者对此做过相关的总结，其中以朱瑜和凌文铨（2003）的研究最具经典代表性。综合起来主要包括：①员工态度。Organ 等（1988）的分析结论证实，员工工作满意度及公平知觉等同组织公民行为密切相关。除此之外，相关分析证实，员工信任同组织公民行为呈正相关关系。②员工特质变量。分析表明，责任感同上述概念中的组织遵从等存在紧密联系，同时个体情感同利他行为等存在正相关关系。③个体的角色知觉。Podsakoff 等（1998）借助元分析展开深入探讨，证实个体角色知觉和上述概念之间存在极为紧密的联系，包括角色模糊等在内的相关内容可能对其行为、精神等带来不良影响。④工作特征变量。绩效反馈等与之存在正向联系，但任务程序等可能呈现一定负面影响。⑤组织特征变量。其重点囊括了组织的正规化程序、群体凝聚力等在内的相关内容，分析表明，群体凝聚力同组织公民行为间呈现正相关，组织支持同员工利他行为间存在积极联系。⑥领导行为。此项内容的相关分析早已成为学术界的焦点内容，Farh（1997）分析指出，变革型领导与利他行为、运动员精神之间存在正向联系；Allen 等（2002）表示，领导—成员交换同利他行为等要素间存在负相关关系。⑦组织文化与组织公民行为。

组织文化对组织公民行为的产生具有显著的影响，研究认为，不同的组织价值观导向、共同信念以及明确的远景目标能够激发组织成员在利他行为、组织忠诚、荣誉感等方面的表现；郑伯埙（1990，1993，1995）的相关研究证实，组织价值观同组织公民行为存在正向联系；另外，组织肩负的社会责任越重大，对组织公民行为越会形成更为充分的激励与带动作用。

同样，我们应该对组织公民行为的效应有清楚的了解，也就是说，我们须对组织公民行为在对组织有效性方面到底起到什么样的作用、它能对哪些指标产生积极的影响做出清晰的回答。Organ（1990）针对组织公民行为概念进行解释时认为，其能够充分促进组织效率的全面提升，根据朱瑜和凌文铨（2003）的归纳，一般来说，组织公民行为主要在以下三方面对组织绩效产生影响：一是对组织客观绩效评价产生作用；二是同主观绩效评价具有直接联系；三是同工作绩效密切相关。

2.3.2.3 组织公民行为在中国的发展

我国目前针对组织公民行为也进行了较为深入的研究和分析，除了上文提及的 Farh（1997）针对中国组织公民行为的概念维度进行的归纳性分析具有中国本土意涵外，其余的大部分研究都是沿用西方的概念维度和测量指标。主要包括以下内容：苏方国和赵曙明（2005）对其与员工离职的相互联系进行了深入探讨；吴志明和武欣（2006）围绕改革型管理者对组织公民行为所产生的作用进行了充分验证；其他专家围绕上述问题与组织绩效间的密切关系进行了细致分析。这一系列研究内容对上述内容发展是极具价值的，不过未来的相关分析应当将研究重点放在将组织公民行为置于中国情境之中，对其含义以及员工与组织绩效间的关系展开研究，帮助上述内容能够更好地深入实践并做出进一步发展。

2.3.3 离职倾向

2.3.3.1 离职倾向的界定

就"离职"这一概念而言，大多数专家会从以下视角展开分析：首先是基于广义层面的理解，即劳动转移之意，也就是劳动工作地点的转移或者职业的转移，除此之外，还包括其在产业之间所发生的转移现象；另外，其象征着相关成员在特定组织中所发生的内外流动现象。如果从狭义视角对上述概念进行说明，则强调的是组织由内向外所发生的劳动转移，这早已成为人力资源管理领域极为关注的内容。Porter 和 Steers（1974）认为，上述现象是员工在无法提升个人满意度的情况下所采取的退缩现象。Mobley（1977）强调，一旦员工无法达到满意状态，接下来将会有离职的考虑和想法，同时离职倾向会在一系列步骤之后出现，如出现离职念头并开始挖掘与评估其他新的岗位等。事实上，这应当是确认离职前的最终环节。Mobley 等（1978）表示，离职倾向涉及工作不满、寻求其他工作倾向等各种行为之和。Mobley 等（1979）、Michaels 和 Spector（1982）认为，离职的最佳预测值是离职倾向。

2.3.3.2 影响离职倾向的相关变量

Price（1977）搭建了自愿性离职模型。在该模型中，涵盖了包括薪资、整合、工具性沟通、正式沟通和集中化在内的五大前导变量，由此呈现出一个因果关系模型。就上述模型而言，集中化同工作满意度之间存在负相关关系，剩余变量同后者都表现出正向联系。上述变量使员工形成的工作满意度具备不同层次，其可能会同组织外可选择的工作机会展开互动，如果互动情况良好，最终会导致自愿性离职现象的发生。就上述模型来说，其对变量间因果联系较为关注，但并不是仅仅看重其相关性。

Mobley（1978）构建了简单模型对员工离职行为所涉及的全部历程做出阐释。就模型而言，他认为年龄与薪资同工作满意度两者存在正相关关系，但工作满意度同离职念头及倾向等表现出较为明显的负相关关系。除此之外，主观上认为可以寻找到更为理想的工作应当也是影响要素中较为关键的部分，这意味着如果个人对工作存在不满且具有调整和更换工作的想法时，如果自己认为有更大可能挖掘到更为理想的工作时，离职倾向就会表现得较为突出；若其认为上述可能性较为有限或者不够成熟，则离职倾向会大为削弱。

个人属性与离职倾向的关系。众多专家通过相关分析认为，年龄同离职呈负相关。如 Marsh 和 Manari（1977）将日本电子企业员工作为研究对象，并挑选了 1033 名员工展开相关分析；Mobley 等（1978）以 203 位医院员工为样本；Porter 等（1974）对多达 60 位精神技师进行全面研究，对年龄同离职倾向的相互关系做出细致分析，认为两者存在负相关关系，即年龄越大越不易离职；Marsh 和 Manari（1977）对日本制造业员工进行深入研究，将女性同男性员工进行对比，发现女性离职比率更高。另外，婚姻状况同离职存在负相关关系，通常来讲，已婚者同未婚者的离职率进行对比可以看到未婚女性占比更高一些。

当前，中国学者针对离职倾向等也展开了深入分析，不过相关理论依然不够丰富。对西方国家而言，其针对上述问题所做出的探讨重点涉及下列内容：离职同离职意向及相关要素间的联系与作用、在离职意向形成与现实离职行为间所涉及各方面的调节要素、离职的影响、组织对离职的管理、离职模型的建构等。

在组织行为领域中，借助一些主观标准来对员工行为展开测评是较为常见的方式，一般来说涉及组织承诺、离职倾向等相关内容，本书通过对多方面的文献进行充分梳理，完成了对相关研究结论的系统性总结。近年来，中国学者在员工行为领域做出了积极而卓有成效的探索，在西方理论的引进和推介方面做出了很大努力，实证研究也较为多见，显然这对组织行为理论及实践的丰富与进一步拓展都极具价值。值得注意的是，虽然也有学者开始考虑西方理论适应性的问题，并开展了一系列的本土化研究，但毕竟还是少数。

针对中国特定的政策制度和文化传统背景，应该充分考虑西方概念范畴在引入中国情景时的适应性问题，简单复制或套用西方理论可能会导致理论研究的误区，深入研究中国员工行为的表现形式和实质内涵尤为必要。因此，在现有的理论基础上开展相应的本土化研究是中国员工行为研究的应有之义。

2.4 组织绩效

2.4.1 内涵界定

"组织绩效"（Organization Performance，OP）这个概念之所以为人们所重视，主要开始于 20 世纪 80 年代人们对一个问题的基本回答："为什么有的组织绩效比其他组织绩效要好"（Barnett, Grave & Park, 1994）。从理论角度来讲，组织理论及战略分析内容就是组织绩效。学者对组织绩效有不同的观点和理解，主要是对组织有关概念化的性质理解差异所致。

学者们围绕"绩效"这一概念展开了较为细致的分析，具体来讲，以下两类观点较为典型：一是从结果的角度出发来理解，认为"绩效是一种与工作有关的结果"，代表性的学者如 Bernadina（1995）表示，应当将绩效视同工作结果，原因是其与组织战略目标等相关内容具有极为紧密的联系。Kane（1996）认为，绩效是个人的事情而且同目的展现出相对独立的特性。对此观点表示支持的专家显然是基于投资学视角做出的分析，其强调绩效离不开投入，投入后就应该按照投入产出比来衡量结果，这与绩效评价指标体系设计有关，比如，市场或财务指标来衡量绩效结果等，我们将在绩效测度部分详细介绍。另一种是从行为学角度来认识和理解"绩效"。Murphy（1990）指出，绩效概念是一个人所具备的同工作组织目标相关的各种行为。Campbell（1990）认为，绩效应当被看作某种行为，其同结果应当分割开来，并且与系统因素具有较为密切的联系。1993 年，他把绩效定义为：绩效同行为具有较为近似的含义，它是人类现实中的行为且利用观察能够进行确认，同组织目标密切相关，可借助熟练程度来进行等级评定，它是组织通过雇佣方式来完成相关目标的，绩效等同于行为而非行为结果。

2.4.2 测度理论

组织绩效是企业管理的关键内容并同企业文化建设存在极为重要的联系，是企业文化建设的关键环节所在，它的具体内容随着时间的推移而变化。在 20 世纪六七十年代，大部分人会基于财务视角对组织绩效进行分析，其涉及包括销售额、利润等在内的相关内容，具体表现在 Snow 和 Hrebiniak（1980）在用获得能力来测量组织绩效时，选择了总资产与总收入的比率，随后一些非财务指标开始不断为人们所关注。进入 80 年代，组织绩效评估大多将财务指标看作主要内容，同时将一些非财务指标当作辅助性指标并搭建了相应的指标系统。非财务指标在 90 年代后越发受到研究者的重视。1992 年，Robert 和 David 发表的《综合平衡计分卡——良好的绩效测评》帮助组织绩效评估搭建了较为合理的系统框架，同时对组织战略目标进行了转化，建立了较为完善的绩效评估标准，其主要是基于财务、内部程序等多方面内容展开测评，在这一系统中，各种财务指标、短期指标等具有较为紧密的联系，是当前许多国家广泛使用的绩效评估系统。Kaplan 和 Norton（1992）指出，平衡计分卡理论可对企业绩效做出科学测评。

在上述角度中，客户和内部程序虽然重要，但是与不同企业的具体业务相关，不易找到普适性的指标，很难掌握和收集相关数据。Venkatraman 和 Vasudevan Ramanujam（1986）对组织绩效在战略管理领域及其测量问题进行了研究，认为企业绩效测量主要分为三类，即财务绩效、组织效能和管理绩效。他们认为三个构念中，范围最窄的是财务绩效，通常用来体现企业运营对象所实现的利益成效。在传统的会计实证分析中，利益评估是一种重要的预算方案（Hofer，1983），通常对营销绩效、企业市值等项目进行预算；会计收益与管理绩效相比，性能较为广泛，而管理绩效也被称作非财务效益。这种模式的结构评价主要针对企业效益、业务能力、产品影响、收益程度、生产增加额与相关一部分能力有效性的范畴，评价管理绩效的重要因素在于某些成功的实现方案会决定企业实力。目前，在企业决策中这种理论获得了广泛的实施，而公司绩效是这几个概念中最受欢迎的理论，它被看作企业多元化建设发展的指标，将多层次影响因素与利益相关方进行联系，使评价体系更为完善。

2.4.3 研究内容

Campbell（1997）汇总了一个包括30项准则的组织绩效清单，分为生产率、利润、成长速度、营业额、稳定性和凝聚力。Scott（1977）重点从绩效结果与绩效行为展开分析，随后重点围绕衡量指标选择进行深入探讨，主要采取三种类型的指标来衡量绩效的内容：

一是绩效结果衡量指标。着力对公司绩效评价体系等相关指标进行重点强调，如产品销售额、企业服务范围等。目前社会上一般将绩效评价体系看作传统实用类模式，然而这种模式的运行通常会使许多弊端难以被发现，并且最终会影响工作进程的完善与高效，而且也会受企业成本与业务能力影响。譬如说，企业收益可能会遭遇金融危机而受到较大波动。因为多种因素的存在，往往会使绩效信息出现不同程度的影响，所以只有较为精准地体现其所包括的内容，才能使企业的真实绩效水平得以确定（Flood & Scott，1987）。

二是过程绩效衡量指标。其主要是指对企业运营的产值与效率进行核算，如年产产品规模等。过程绩效着力于"对参评的额度与产值进行预算而非对结果进行评价，注重的是做得如何与做的过程"（Suchman，1967）。通常来看，管理者较为看重对过程绩效予以考察，这是由于他们往往强调作业的过程而非产生的影响。

三是绩效结构衡量指标。其侧重度量组织有效运行的能力，如操作人员技能及员工自身的学位占比等指标。如果过程指标远离结果，那么结构指标与结果的距离就更远了，因为这些指标度量的并不是人或系统所做的工作，而是人或系统从事工作的能力。

从前文的综述来看，不同时期对组织绩效的概念界定不一，其测量内容也不一致。不过就组织绩效的终极目标而言，显然是为了充分反映组织自身运营、债偿与盈利能力，同时对组织贡献度也做出了全面反馈，这些能够使组织利益相关方及运营者挖掘到更为丰富的信息，以此来推动组织不断完善。而组织绩效的测评需要使用一定的指标作为衡量标准，这本身也须体现对组织的综合要求。就本书而言，在对组织绩效进行综合测量过程中重点对财务指标和非财务指标构建了极为密切的联系，借助两者相结合的方式展开分析。

2.5　文献回顾总结

2.5.1　前人研究小结

本章通过对企业文化力内涵界定、研究回顾、测量量表开发及对员工行为和组织绩效的研究现状的综述，对当前的研究成果进行了全面归纳。笔者认为其中涉及的结论涵盖以下几点：

（1）对研究者而言，基于不同研究视角与理论依据围绕企业文化力展开分析并对其内涵做出总结。截至目前，有关上述内容的争论依然较为突出。不过相关研究证实，尽管上述定义种类繁多，但内部具有一致特征，由此可以证实，有关企业文化力相关定义的讨论内部逐渐呈现融合的趋势。更多的研究者开始将文化看作重要的力量且对这一定义开始给予高度认可。对企业文化力同组织绩效两者间的联系展开进一步探索是理论研究中较为关键的部分。许多专家都在围绕"究竟怎样的企业文化力可以带动组织绩效的有效提升"展开更为细致的分析。

（2）员工行为对组织绩效能够带来重要影响，对任何企业来说，其目标的实现必须借助员工行为才能变为现实。考虑到员工行为客观指标（如产品不合格率、人为过失、效率、产量等）的不易获得、难以控制以及不具备普遍性等特点，主流研究对员工行为的分析大多借助各种主观指标展开评估，其涵盖了组织承诺等相关内容。西方国家的研究已日渐成熟，相关领域都取得了丰硕的研究成果，特别在概念内涵、前因及后果变量、影响机制等方面的成果显著。员工行为分析在国内起步较晚，不过近些年来的研究成果也较为突出，但值得指出的是，在与企业文化力一起研究方面有待加强。

2.5.2　本书的切入点

通过对国内外相关文献的系统回顾，我们不仅对企业文化力的研究发展脉络和研究前沿有了整体的把握，而且也从中观测到一些可能存在的研究空缺，主要提供了以下几点启示：

2.5.2.1　对企业文化力有效性的深入探索

在已有的文献中，尚缺乏综合讨论企业文化力与组织绩效关系的研究，尤为缺乏对变量间关系的综合性实证分析。在企业文化力基础上构建人力资源管理战略显然是今后发展的终极方向，必须对企业文化力展开更为细致的分析并对其拥有全面的认识才能确保企业的人力资源管理策略符合自身的发展需求，才能打造更加具有个性的企业文化，满足企业和员工的发展所需。因此，我们认为通过强化企业与员工之间的心理契约，充分发挥企业文化力的功能，对于减少不同部分之间的内耗，促进组织绩效的提升极具价值。在企业文化力效果的展现上，员工行为也是重要指标。正因如此，本书将企业文化力和员工行为分别设置为自变量和中介变量，以此来对其与组织绩效间的相互联系展开深入探讨。

2.5.2.2　中国情景下研究的未来取向

中国管理理论的概念范畴和研究范式基本是学习西方发达国家的研究成果，企业文化力与员工行为的研究也不例外。但由于中国有着与西方国家截然不同的政策制度、文化传统和社会背景，西方得出的研究结论不一定在中国具有普遍有效性，简单复制西方的理论可能会导致理论研究和管理实践的偏差。Tsui（2004）及 Cheng（1994）都曾鲜明地指出，用中国的样本去验证国外的研究成果违背了科学研究的原则，要得出对中国管理实践有效的理论依据，必须开展高水平的本土化的研究。

通过对现有研究的回顾发现，中国目前的研究与本土化研究的要求还存在较大的差距。尤其是企业文化力方面，它们的概念内涵、测量量表基本上直接套用了西方的研究成果，然而对中国企业所具有的现象本身缺乏观察和思考，也没有将那些反映中国情景的独特内涵挖掘出来。因此，探索中国情景下的企业文化力与员工行为的独特内涵，是本书的第二个出发点。

2.5.2.3　模型构建与实证检验应同步进行

任何一种管理理论发展的理由都是为了指导组织管理的实践或提高组织绩效，企业文化力研究的最终目的也不例外。企业文化力的有效性须得到实证的检验，才能为管理实务提供充足的依据。国外组织文化力研究已经基本完成了理论构建到实证检验的过程，但是中国的企业文化力经过 40 年的研究发展后，虽然在定义、内涵、结构、建设途径与措施方面做出了积极探索，但相应的实证研究还较少。理论研究固然不可或缺，但实证检验同样重要，这两者不可偏废，因此，针对中国研究现状，强调实证研究与模型构建的同等重要性具有实际意义。

3

企业文化力

模型构建

在前文分析研究问题和文献回顾的基础上，本章首先对企业文化力进行量表开发，然后分析企业文化力与组织绩效的关系和企业文化力、员工行为与组织绩效的关系，并提出了相应的假设，根据假设，依照一定的逻辑关系，构建待检验的研究模型。

3.1 企业文化力量表开发

3.1.1 开发流程

由于企业文化力是一个比较新的概念，在现有的研究中还没有测量量表，开发一套可靠、有效的测量量表是本书要解决的关键问题之一。我们按照表3-1所示的流程开发企业文化力的测量量表。

表3-1所示的量表开发流程是基于我们对 Churchill（1979）和 Peter（1981）的多维度量表开发方法论的文献总结生成的。具体来说，首先结合文献回顾和对企业中高层领导的深度访谈结果，界定企业文化力的概念及构成维度；其次通过现有的文献和访谈结果生成题项，借鉴焦点小组访谈结果和专家意见进行修改，从而形成量表的初始题项；再次利用随机抽样法抽取小样本进行数据的预调研，并利用内部一致性信度分析和验证性因子分析对初始题项进行净化，形成正式调研问卷；然后再通过随机抽样法抽取大量样本进行正式的调研，并根据调研数据对量表的各项信度和效度进行检验，如有必要还需要对量表进一步修改；最后生成具有较高信度和效度的测量量表。下面本章按照表3-1所示的量表开发流程详细介绍每

一个步骤的具体操作。

表 3-1　企业文化力量表开发的流程和方法

研究流程	研究方法和工具	具体操作
1. 界定企业文化力概念	文献研究 深度访谈 NVIVO 11.0	概念领域的界定 概念的概念化定义 归纳概念的构成（维度）
2. 生成初始测量题项	文献采集 深度访谈 焦点小组 专家意见	发展题项集合 决定量表格式 决定选项类别 形成预试问卷
3. 数据预调研	随机抽样法	决定抽样方法 决定样本数量 进行抽样
4. 净化测量题项	ALPHA 系数 验证性因子分析 SPSS 22	信度与题项分析 删除不佳题项与归纳维度 确保维度效度
5. 数据正式调研	随机抽样法	根据步骤三，再次进行数据收集
6. 信度再评估	ALPHA 系数 因子分析 SPSS 22	针对步骤五所收集的新样本数据，进行信度再验证
7. 量表生成		

3.1.2　题项生成

（1）访谈对象。本书的访谈对象是来自不同行业不同企业的 15 位企业中高层领导。其中男性 10 人，女性 5 人；年龄在 30~49 岁；中层管理者 7 人，高层管理者 8 人；本科 10 人，硕士 4 人，博士 1 人；样本来自国有企业和民营企业，分布在制造业、服务业和教育等行业。访谈对象的选取遵循理论抽样原则，按照研究目的和设计等理论指导选取能够为研究问题提供较大信息量的研究对象（Patton，1990）。尽量抽取不同类型的企业员工进行访谈，以获取丰富的信息。理论抽样的过程随着访谈持续进行，直至理论饱和。根据 Lincoln 和 Guba（1985）的建议，访谈的样本数量应大于 12 个，本书符合这一样本要求。

（2）数据收集。根据前人对企业文化力的研究结果，设计出半结构访谈式提纲。正式的访谈以访谈提纲的内容为核心，根据访谈对象的反应及回答进行补充和顺序的调整。每个受访者的访谈时间为 30~40 分钟，总访谈时间约为 525 分钟。访谈开始先介绍访谈的目的及保密性，为避免受访者有顾虑，在征求他们同意后进行录音，访谈结束后，将录音材料逐句、如实整理成文字材料，共 29256 字。

（3）数据编码。本书通过半结构式访谈收集原始数据，然后根据扎根理论使用质性分析软件 NVIVO 11.0 对访谈结果进行分析，对文本进行编辑、编码、提取、撰写备忘录等一系列的工作。根据关联的重要性和重现率，一共对 172 个初始概念进行了比较，并将其归纳为更为抽象的范畴，对其性质进行描述，共获得 19 个子范畴，进一步归纳、分类为 4 个核心范畴。结果汇总见表 3-2。

表 3-2　深度访谈内容分析

核心范畴	子范畴	包含的内容
精神文化力	企业精神	a17 为国争光；a30 有担当、践行社会责任；a66 冒险精神；a72 敢想敢干；a98 团队化、专业化、与时俱进、科学发展；a135 我公司领导秉承"安全、勤俭、诚信、创新、和谐"的企业精神；a151 具备勤勉尽责、开拓创新、激励高效的企业精神；a162 责任、担当、进取、包容的企业精神

续表

核心范畴	子范畴	包含的内容
精神文化力	企业价值观	a14 激励员工；a15 留住人才；a24 公司企业文化很丰富，并面面俱到，比如"以人为本，以求致存，恪守诚信，继承创新"是公司的企业价值观；a25 公司愿景：享誉全球，我们一直在努力，并一定程度实现了这个目标；a26 企业围绕经营方针开展工作；a40 有企业核心价值观，要求员工必须遵守；a42 增强企业凝聚力和员工对公司认同感；a43 塑造价值观和认同感；a44 经营方针保证公司日常生产正常；a62 企业文化："在相互成就中拥抱梦想"；a64 用心为客户服务；a80 企业提供满意的产品，为员工提供就业发展空间；a88 真情关爱每一位员工；a14 公司秉持着以人为本的信念；a136 公司坚持"以人为本，持续发展"的理念；a145 我公司有明确的企业价值观，即"产业为本、创新驱动、融通致远"，公司以核心价值观为原则，倡导社会价值观与企业价值观相结合，体现价值，创造效益，回馈社会，成就个人；a147 我公司有企业宗旨、企业愿景、经营哲学、企业信条等为企业指引了方向；a159 比较深入人心的企业价值观是安全、勤俭、诚信、创新、和谐
	企业道德	a70 不偷客户的任何东西；a95 公司在诚信、公平的基础上通过更好的经营而非采用不道德或非法的手段超越其他竞争对手。员工必须充分披露任何可能引起利益冲突的情况。如怀疑其他员工或其他人有理由怀疑会发生利益冲突，员工必须立即向合规官员报告。只有董事会或者相关的委员会有权免除利益冲突，并及时在法律规定的范围内向公众披露。知识产权保护与保密规定，员工履行职责；a133 对企业履约信用和市场契约精神的高度重视；a160 依法用工、尊重劳动，诚信履约、尊重合作伙伴，遵守法规、保护环境；a172 诚信经营和依法纳税
	企业社会责任	a12 拥有高度的社会责任感，设立奖学金，助学成长；a27 公司数年来累计出资 25 亿元做慈善并连续多年出企业社会责任报告；a122 社会责任和公益助学；a139 对家庭、企业、环境、社会、国家负有责任意识；a148 公司倡导体现价值，创造效益，回馈社会

核心范畴	子范畴	包含的内容
精神文化力	企业凝聚力	a13 部门之间协作性好,各部门经常组织团建活动;a41 各部门配合较好,共同完成公司商业计划目标;a94 团队之间通过团建以及活动开展,把团队之间的黏性增加,更利于互帮互助的刺激;a100 发挥团队协作精神,提高工作效率;a108 强调团队化,倡导团结协作;a115 拼搏进取的团队精神;a131 公司以业务板块为团队划分标准,各业务团队内部分工明确、步调一致、关系融洽,具有较强的团队向心力和战斗力;a146 公司全体员工,同心同德,团结一心,为公司早日扭亏增盈出谋划策,共同奋斗
制度文化力	企业薪酬制度	a38 按控股标准执行;a92 公司有针对部门实际情况而制定的薪酬制度;a107 实行团队营销和二次分配绩效;a118 薪酬福利;a130 年底奖金与年度业务量及效益挂钩;a143 公司的薪酬管理制度,挂钩公司员工个人年度、季度绩效完成情况,能反映不同部门、不同岗位、不同职级之间的薪酬差距;a157 职工薪酬完全按照薪酬制度实施
	企业激励机制	a11 创新奖、人才推荐奖、部门独立设置激励等;a23 公司管理比较人性化,激励除了奖金,还有旅游、培训等;a39 高绩效员工激励,优秀员工评比;a61 对每个月都有好业绩的员工进行一定的奖励,对年底业绩突出的员工进行表彰;a69 工作满三年之后有带薪年假,每年有一次加工资机会;a79 销售激励制度;a93 创新奖,劳模奖,突破奖,进步奖,团队奖;a158 职业资格证取得奖励、晋升机制;销售及融资激励

核心范畴	子范畴	包含的内容
制度文化力	企业信息化管理及沟通	a8 公司有自己的企业邮箱、企业管理系统等，内部沟通顺畅；a21 公司横向纵向沟通上很畅通，内部网络有董事长、总经理等高层领导直通信箱，启用 OA 办公系统平台，实现了部分工作的无纸化办公，大大提高了工作效率，总之在管理沟通各方面公司与时俱进充分应用互联网特别是移动互联网构建大数据平台，实现了信息的即时、快速、精准定向传递；a35 企业内部沟通顺畅；a58 使用的聊天工具，如 QQ、微信等；a67 上班微信企业号打卡，公司建有微信群，沟通相对顺畅；a76 财务用的财务软件、业务部门用的 ERP 软件；a104 企业通过 QQ 群、微信群、微信公众号、网站、邮箱等进行沟通；a117 沟通渠道：沟通会议、报告、面谈、内部电子邮件；a128 平时的重要合同及决策事项均通过总部的 OA 办公管理系统进行流程传递，但日常业务工作仍主要通过外部社交软件及线下电子表单的形式进行信息传递和台账管理；a140 我公司及所属企业通过系统管理平台（SMP）实现了行政管理的信息化、流程化、规范化，公司与企业之间、企业与企业之间通过系统管理平台、电子通信设施搭建沟通桥梁，衔接状态良好；a169 微信、QQ、OA 系统和资源管理系统
	企业民主	a10 员工乐于参与各种单位组织的选举活动；a22 公司工会起了不小作用，公司职工代表大会制度实现了广大员工的诉求；a37 公司成立有工会，员工积极参与各项活动；a60 每次组织和举行相关的活动都会询问员工的意见；a78 通过民主的形式进行表决；a89 员工积极参与企业举办的各项活动，每一项活动的主题都贴切于人的需求；a129 职工代表大会和企业工会；a142 公司坚持公开、公正、公平原则，每月定期组织召开党委会和领导办公会，实施"三重一大"事项决策议事规则；每年组织职工代表大会审议公司年度工作完成情况及公司重大决策部署，让公司广大员工参与到公司生产经营决策过程。此外，公司每年还对公司领导班子成员、中层管理人员实施民主测评，挂钩个人绩效考核，兑现奖惩；a163 定期召开职工代表大会，举办领导接待日活动，开设举报信箱，开展事务公开，认真开展信访工作，举办合理化建议评选活动并跟踪落实合理化建议的执行

核心范畴	子范畴	包含的内容
行为文化力	企业守法履约经营	a4 不偷税漏税；a20 公司的法律知保部近百名工作者一直是公司各项工作的法律智囊；a32 依法缴纳各项税费；a45 不偷税漏税，依法为员工缴纳五险一金等；a74 该缴纳的税金一分不少地上缴；a85 部门构架标准化，部门职能、流程一切标准化，层层审核通过；a103 守法、敬业、诚信、高效；a119 根据国家政策为员工缴纳五险一金；a138 符合国家法律法规及公司法相关要求；a154 在重大项目建设招标、集中采购、劳动用工、税务等方面，均能按照国家相关规定执行；a167 按国家相关法规缴纳税费，按合同约定支付款项
	企业活动	a6 成立党支部、读书会；a63 主管和员工之间的关系比较融洽，对于新员工较为重视，下了班后会组织聚餐或唱歌；a90 读书月；a120 欢乐下午茶、夜班夜宵、团队活动；a121 亲子活动、联谊活动、主题月活动、各协会活动及体育比赛；a123 员工活动、健康幸福月刊
	员工的知识技能	a2 具备很强的学科分析能力、出色的沟通能力；a29 行政管理、人力管理、生产管理等技能；a54 口头表达能力很强，平时能利用节假日等时间多充电，把最新的知识与客户分享；a65 销售技能；a71 销售部门掌握行业、产品和消费方面的知识，采购部门的员工掌握产品消耗原材料的知识、原材料类别、市场及价格、供需情况、本企业情况、本企业所能接受的价格等相关知识，财务人员掌握会计、税法、经济法需要掌握的整体知识，除此之外还有更多的管理性工具需要掌握，如预算、财务分析、资金管理等，借助这些财务工具来提供管理决策信息；a82 专业知识技能、团队建设能力、多维度多角度思考问题能力、人机互动能力和自我成长与发展的能力；a97 口头表达能力、逻辑思辨能力、文字表达能力、人际交往能力；a134 专业安全管理技能、生产管理技能以及环保管理技能；a150 财务核算、资金管理、生产技术、经营管理、项目管理、人力薪酬管理；a165 工程管理、成本预算、营销体系、技术等，各高层管理人员在本行业拥有多年的从业经历和卓越成绩

核心范畴	子范畴	包含的内容
行为文化力	员工行为规范	a5 公共场所谈吐、穿着、形象等；a18 不是流于言表的套话，每个员工在言行举止上、工作和生活中都拥护和维护企业的传统和精神，不做有损企业形象和利益的事；a57 迟到一次扣 50 元；a59 按指纹考勤；a75 上班要求着正装；a86 每个新进的员工都会有企业文化培训以及规章制度的培训，按照规范开展工作；a127 母公司制定有员工行为规范，学习员工行为规范已作为新员工入职培训的基本要求；a155 坚持勤俭、勤奋、勤恳的企业传统，坚持现场看、现场说、现场做，抵制一切官僚主义作风；a168 公司有员工手册及相关的规章制度，规范员工的工作纪律并实施，按规章制度奖惩员工
创新学习力	创造性思维	a55 能对该行业有清醒的认识并能运用创造性的思维拓展该行业渠道；a84 鼓励员工创新，支持创新，给予物质和精神上的支持；a101 提出"公司化运作、团队化协作、专业化分工、规范化管理"的新企业管理理念；a110 不断探索"公司化运作、团队化协作、专业化分工、规范化管理"的律所创新之路；a153 创新意识和创新能力等
	创新能力	a19 在管理和营销方面不断创新；a56 具有一定的创新能力，如一个新的产品推向市场，能很好地去模仿，并不断地去完善该产品的性能，改良该产品的工艺，使成本能降到最低；a111 机制创新、销售创新、管理创新、技术创新；a113 坚持技术创新，为客户不断创造价值；a124 自主创新产品；a126 对业务模式进行创新；a137 能应对各种经营状况，积极协调资源，创新管理模式
	再学习意识	a3 要求每位员工一年里读 60 本书；a83 人才学习盘点 360 维度的学习提供，提供更大的学习空间以及施展的平台给予创新者施展才华的机会；a91 活到老，学到老，每天接受新知识的冲击，能够碰撞更多新思路；a112 善于学习、思考、借鉴；a152 针对企业出现的新情况、新问题，能不断学习、探索，及时提出新思路、新举措

核心范畴	子范畴	包含的内容
创新学习力	学习能力	a31 不断优化组织流程；a73 政治学习的能力强；a102 合伙人经常与同行交流学习，以优秀企业作为榜样，借鉴先进管理模式引领企业不断前进；a109 借鉴先进管理模式；a166 老板经常自己学习新知识或经常到北京、深圳、香港、上海等地向知名企业家学习，同时也要求各专业体系每年都安排员工外出学习，回来后还要向老板汇报，提出企业经营管理建议

开发概念的测量工具首先必须对概念进行操作化定义。Babbie（1998）认为，操作化定义的最终结果是一组在人们心中的特定指标（测量题项），这组指标可以用来指明研究的概念。因此，在开发企业文化力测量量表的过程中必须先对企业文化力进行定义，并根据深度访谈结果归纳出企业文化力概念的构成维度。本书通过前文的理论剖析与企业家的定性访谈，将企业文化力定义为企业文化对企业经营活动的一种驱动力和作用力，它以企业文化为基础，是企业获得可持续发展的支持力量，它能给企业带来经济和社会等多重效益，其包括四个构成维度：精神文化力、制度文化力、行为文化力和创新学习力。

（4）初始问卷的编制。根据扎根理论分析方法得到的子范畴来编写企业文化力的题项，邀请 5 位具有博士学位的同事和在读博士同学对每个题项的文字表述进行讨论并提出建议，最后确定 19 个测量题项，编制出初始问卷，见表 3-3。本书采用 Likert 7 级量表形式，具体做法是：将问卷的每一个问题的评分划分为 7 个等级，即非常不同意、不同意、有点不同意、一般、有点同意、同意和非常同意，同时赋予每一个评分等级相应的分值 1~7，被调查者根据对每个问题题干部分的描述做出是否同意的判断，并标记出相应的分值。

表 3-3　初始问卷题项编制

代码	测量题项	非常不同意	不同意	有点不同意	一般	有点同意	同意	非常同意
SC1	我们公司有自身的企业家精神，能提升企业家的领导力和管理能力	1	2	3	4	5	6	7
SC2	我们公司有清晰而一致的价值观体系，主导着公司业务的开展	1	2	3	4	5	6	7
SC3	我们公司非常重视企业道德，遵循依法纳税、保护环境、诚信合作等原则	1	2	3	4	5	6	7
SC4	我们公司有社会责任感，做慈善、设立助学金等回馈社会的活动	1	2	3	4	5	6	7
SC5	我们公司的凝聚力来源于企业团队建设，部门协调合作，员工同心同德，共同奋斗	1	2	3	4	5	6	7
IC1	我们公司根据部门、岗位及绩效要求设置有一套完善的薪酬制度	1	2	3	4	5	6	7
IC2	我们公司设置有多种奖项和员工晋升机制来激励员工	1	2	3	4	5	6	7
IC3	我们公司有完整的企业管理制度和办法，以及系统化的操作流程	1	2	3	4	5	6	7
IC4	我们公司通过互联网办公平台实现了信息化管理，并通过聊天工具实现了无障碍沟通	1	2	3	4	5	6	7
IC5	我们公司通过设立职工代表大会、企业工会和民主选举等活动来实现企业民主	1	2	3	4	5	6	7
BC1	我们公司的领导知识面广，具有丰富的企业经营实践经验	1	2	3	4	5	6	7

代码	测量题项	非常不同意	不同意	有点不同意	一般	有点同意	同意	非常同意
BC2	我们公司在经营过程中，守法、敬业、诚信、高效，所有业务均按照国家规定执行	1	2	3	4	5	6	7
BC3	我们公司有丰富多彩的企业活动，如联谊活动、主题活动、体育比赛等	1	2	3	4	5	6	7
BC4	我们公司员工能根据岗位要求，熟悉地掌握本职位的知识技能	1	2	3	4	5	6	7
BC5	我们公司使用员工手册并对新员工进行入职培训来规范员工行为	1	2	3	4	5	6	7
CL1	我们公司领导具有创造性思维，并鼓励和支持员工去创新	1	2	3	4	5	6	7
CL2	我们公司会在销售、管理、服务等多方面进行创新	1	2	3	4	5	6	7
CL3	我们公司领导具有再学习的意识，并鼓励和提供员工学习的机会和平台	1	2	3	4	5	6	7
CL4	我们公司通过学习，掌握新知识和引进新的管理模式	1	2	3	4	5	6	7

3.1.3 预调研

预调研的主要目的是通过初步调查获得数据，在数据分析的基础上对初始量表进行信度与效度评价，并根据信度与效度分析结果对问卷进行修改与完善。本书的预调研样本均由企业的中高层具有三年以上工作经验的在职领导填写，通过在线和实地发放问卷并填写回收的方式进行。预调研共发出问卷 150 份，回收有效问卷 128 份，问卷的有效回收率为 85.33%。

对这 128 份调查问卷数据的处理方式包括：使用单项—总体相关系

数（CITC）净化测量题项；利用 Cronbach's α 系数评价多维度量表的内部一致性信度；通过验证性因子分析检验建构效度的适切性与真实性。

Churchill（1979）指出，需要在进行探索性因子分析前对测量题项进行净化，即消除"垃圾题项"。净化题项的标准是如果 CITC 系数低于 0.50，除非有特别的理由，一般就应该删除这个题项。在净化的前后都要计算 Cronbach's α 系数，以评价净化某题项后一致性是否有显著提升。只有在对题项进行净化后，才能对量表中的所有题项进行探索性因子分析，从而评价概念维度划分的正确性。对于那些在相应因子上负载不高或者交叉负载的题项，原则上应该删除，以达到进一步净化测量题项的目的。

3.1.3.1　内部一致性信度分析

首先，我们使用 SPSS22.0 对各维度的 Cronbach's α 系数和各题项的 CITC 系数进行计算，计算结果如表 3-4 所示。

表 3-4　各维度测量的 CITC 与信度分析

维度	题项	CITC 值	题项删除后的 α 值	Cronbach's α 系数
精神文化力	SC1	0.736	0.933	0.799
	SC2	0.683	0.934	
	SC3	0.562	0.936	
	SC4	0.568	0.937	
	SC5	0.683	0.934	
制度文化力	IC1	0.573	0.936	0.697
	IC2	0.539	0.937	
	IC3	0.624	0.935	
	IC4	0.557	0.936	
	IC5	0.585	0.937	

维度	题项	CITC 值	题项删除后的 α 值	Cronbach's α 系数
行为文化力	BC1	0.719	0.933	0.793
	BC2	0.691	0.934	
	BC3	0.602	0.936	
	BC4	0.644	0.935	
	BC5	0.629	0.935	
创新学习力	CL1	0.721	0.933	0.844
	CL2	0.701	0.934	
	CL3	0.748	0.933	
	CL4	0.750	0.933	

从中我们可以看出，企业文化力的四个维度的测量题项的 α 系数都明显高于 0.60，说明这四个维度的测量量表具有较强的可靠性，而且该量表总条目的内部一致性信度为 0.938，所有题项的 CITC 系数都高于 0.50，均达到本书的最低标准。

3.1.3.2 验证性因子分析

验证性因子分析是以特定的理论观点和概念架构作为基础，然后通过数学程序来确认评估该理论观点所导出的计量模型是否适当、合理（邱皓政，2005）。吴明隆（2012）指出，验证性因子分析通常会依据一个严谨的理论，或在实证的基础上允许研究者事先确认一个正确的因素模型，这个模型通常明确将变量归类于那个因素层面中，并同时决定因素构念间是相关的。因此，本书采用 AMOS 20.0 对数据进行验证性因子分析，以便对企业文化力的四个维度的合理性进行检验，对其拟合优度进行判断。

验证性因子分析有很多检验标准，根据（Hu & Bentler，1999），一般应用有：①拟合优度的卡方检验（χ^2 Goodness-of-Fit Test）。χ^2 是最常报告的拟合优度指标，与自由度一起使用可以说明模型正确性的概率，χ^2/df 是直接检验样本协方差矩阵和估计方差矩阵之间相似程度的统计量，其理论期望值为 1。χ^2/df 越接近 1，表示模型拟合越好。在实际研究中，χ^2/df 接近 2，认为模型拟合较好，样本较大时，5 左右也可接受。②拟合指数（Comparative Fit Index，CFI）。该指数在对假设模型和独立模型比较时取得，其值在 0~1，越接近 0 表示拟合越差，越接近 1 表示拟合越好。一般认为，CFI ≥ 0.9，认为模型拟合较好。③Tucker－Lewis 指数（Tucker－Lewis Index，TLI）。该指数是比较拟合指数的一种，取值在 0~1，越接近 0 表示比较拟合越差，越接近 1 表示拟合越好。如果 TLI > 0.9，则认为模型拟合较好。④标准化残差均方根（Standardized Root Mean Square Residual，SRMR）。SRMR 取值范围是 0~1，当值小于 0.08 时，表示模型拟合理想。⑤近似误差均方根（Root－Mean－Square Error of Approximation，RMSEA）。RMSEA 是评价模型不拟合的指数，如果接近 0 表示拟合良好，相反，离 0 越远表示拟合越差。一般认为，RMSEA = 0 表示模型完全拟合；RMSEA < 0.05 表示模型接近拟合；0.05 ≤ RMSEA ≤ 0.08 表示模型拟合合理；0.08 < RMSEA < 0.10 表示模型拟合一般；RMSEA ≥ 0.10 表示模型拟合较差。如表 3-5 所示，验证性因子分析结果为 χ^2/df = 1.43，CFI = 0.935，TFI = 0.923，SRMR = 0.055，RMSEA = 0.058，各项指标均达到要求，说明模型拟合较好。

表 3-5　结构效度分析结果（验证性因子分析）

CFI	TFI	χ^2	df	SRMR	RMSEA	90%CI
比较拟合指数	Tucker Lewis 指数			标化残差均方根	近似误差均方根	90%置信区间
0.935	0.923	208.921	146	0.055	0.058	0.039~0.075
>0.9	>0.9			<0.08	<0.08	

侯杰泰（2004）指出，一般来说希望标准化的负荷在 0.6 或以上，如果小于 0.5，对应的指标应考虑删除。验证性因子分析的标准化路径如图 3-1 所示，19 个题项的标准化因素负荷量均在 0.5 以上。

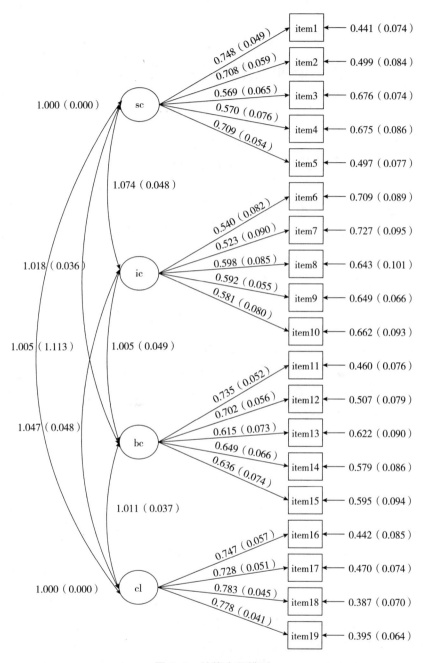

图 3-1　结构方程模型

注：sc＝精神文化力；ic＝制度文化力；bc＝行为文化力；cl＝创新学习力。

3.2 企业文化力与组织绩效关系

3.2.1 企业文化力与组织绩效模型构建

聂清凯和赵庆（2008）指出，企业文化力是内嵌于企业组织、技术和管理之中的"核心"，与企业绩效具有密不可分的关系，企业文化力能够提高生产效率，减少交易成本，提升品牌含金量，增加产品的价值，从而增强企业竞争力。企业文化力给企业带来有形的和无形的、经济的和社会的双重效益，证明了企业文化力是获得经济增长的有效手段（聂清凯和何浩明，2012）。陈春花（2016）认为，企业文化是企业持续发展的内在驱动力，对推动企业获得良好业绩有着非常重要的作用，优秀的企业文化可以减少组织内部价值差异，提高组织运作效率，增强组织承诺和团队协作能力。企业文化力对企业发展具有很强的战略性意义（聂清凯和赵庆，2008）。根据前文内容，企业文化力的四个维度分别为精神文化力、制度文化力、行为文化力和创新学习力。

3.2.1.1 精神文化力与组织绩效

企业精神文化使企业全体成员团结协作、共同奋斗，提高企业作为一个整体的凝聚力和竞争力，是企业核心能力的灵魂（刘光友，2002）。运用相关的道德素养与价值理论，教育、限制与管理公司职工的作风，对外形成公司的风貌与文化，对内营造公司高效率与和谐度。企业文化软实力即使是以理念的形式存在，却具有重要的推动力，能够快速增强一个公司的关键竞争力，但如果运用不当也能够使一个公司遭受损失。所以企业文化软实力已变为影响公司命运的核心实力。

杨浩和宋联可（2013）指出，公司精神凝聚力是营造公司综合实力的重要指标，其是精神、教育与管理的一致体现，是公司发展观与管理理念的最终根源。企业软实力同时也是一种运营力，体现着综合实力的最关键要素；还是公司发展的核心理论，其不但可动态地体现和公司生产销售状况相联系的重要特点，而且深刻地反映出公司的管理模式与建设目标，能对其运营建设产生关键性的影响。

企业精神文化力对应的是企业文化的精神层面，是企业在长期的生存经营过程中形成的、指导企业生产经营活动行为的思想意识和价值观念，包括企业经营理念或者说是企业经营哲学、企业价值观、企业精神、企业道德、企业风貌等内容，其核心是企业的价值观体系。企业文化的精神层是整个企业文化系统乃至整个企业经营运作、发展战略的导向、调节、控制和实施日常操作的文化内核。精神文化对企业的生存和发展具有重要的作用，它是企业生存的基础，也是企业追求成功的精神动力，对企业的核心能力有着至关重要的影响作用。企业的精神层文化可以对企业及其员工行为起到导向和规范的作用，并且可以提高企业凝聚力，激励员工释放潜能，从而影响核心能力，提高组织的绩效。王丽红（2013）也指出，企业精神文化力对激励员工有着重要的作用，对企业产品有着宣传作用，对于提高企业内部凝聚力、战斗力、社会公信力、经营业绩有着重要作用。因此，我们提出了企业精神文化力与组织绩效的关系研究。

3.2.1.2 制度文化力与组织绩效

王文臣（1997）认为，公司精神面貌是公司在长期运营、发展与管理进程中所培养起来的，以增强公司发展效率为导向，以公司管理机制为前瞻行为，同时也是公司精神在其实力上的综合展现。制度文化力对公司的软实力以及企业所宣扬的文化精神的实现具有完善、推动与辅助的作用，其管理体系所构建的文化环境也具有重要的影响力（杨浩和宋联可，2013）。企业制度文化力在企业文化的中间层，是精神层面的折射，主要包括企业领导体制、激励机制、薪酬制度、企业组织结构和企业管理制度等方面对企业发展的驱动力。它能够直接影响员工对于企业文化的认知，调整他们的行为，从而使全体员工形成基本一致的态度和看法。

企业制度与企业文化力所规范的内容具有高度的一致性。企业不能缺少制度，它的标准确保了公司竞争力的发展与绩效的发挥，完成了公司竞争力向关键能力的改变。公司综合实力的展现需要管理的有效性来实现，企业精神的发扬也要按照管理条规来约束员工的行为，就算是公司员工经年累月培养的工作经验也需要依据管理约束才能得以保持，之后才能转变为员工的内在素养，这个过程是从自行服从到自然执行。管理上的强制性会确保公司核心竞争力的形成，从而能达到提高企业实力的效果。任何一个群体都要有一定的行为准则，而这种行为准则需要制度的保障。

企业文化的制度是企业的法律形态、组织形态和管理形态构成的外显性文化，是企业文化的中间桥梁，把企业文化中的其他内容有机地结合成一个整体，一般包括企业法规、企业的经营制度和企业的管理制度。企业文化的控制层具有强制性、权威性、动态性、独立性的特点，这些特点使企业在复杂多变、竞争激烈的经济环境中处于良好的状态，从而保证企业目标的实现。制度文化建设是实现价值观的需要。制度决定人的行为，只有公正的制度才能唤起人们的激情。制度文化建设是有效管理的依据，更是影响核心能力的重要层面。李军祚（2008）指出，企业制度文化力的激励功能可以规范和约束员工行为，规范和协调企业生产经营秩序，调动员工的生产积极性，以及促使企业和员工共同愿景的达成和实现。因此，我们展示了企业制度文化力与组织绩效的关系研究。

3.2.1.3 行为文化力与组织绩效

公司行为文化力是公司职工在营销能力、员工培训中所产生的文化素养，可为公司管理体系注入新的推动力，能够迅速体现出公司精神风貌的素养。通常企业行为文化涵盖公司管理、员工培训、合作协商、文化传媒宣扬中产生的文化样式。它们对公司运营具有重要影响。

杨浩和宋联可（2013）认为，公司行为精神效用是公司运营理念、综合绩效与协商关系的动态展现，同样也是企业文化与公司绩效的反映，在公司运营中所展现出来的文化内涵可为公司日后发展提供强劲动力。从员工能力上判别，企业文化影响力包括公司管理层活动与整体员工活动。魏明浩（2014）认为，企业行为文化是公司精神传承的重要基础，同时也是公司竞争力的核心体现，一家公司缺乏行为文化，那么其文化影响就不能有效发挥。此外，行为文化还构建于企业职工的日常活动中，其综合指标会在职工的劳动效率、生活作风、团队意识或是对公司的满意情况及归属感等中有所展现。运用管理机制、培训教育、典型示范、多元实践等多种模式，持续提升素养，让人们可以自觉依据职业观的要求去约束自身行为，并主动培养优良的作风，打造稳定的发展模式。因此，我们展示了企业行为文化力与组织绩效的关系研究。

3.2.1.4 创新学习力与组织绩效

在知识经济时代，企业如何在激烈的竞争中保持自身的核心能力，取决于企业在经营过程中能否形成具有独立性、系统化的核心知识。而知识这个核心要素在企业内部只有通过学习才能形成和发展，才能进步，才具有优势。因而员工的知识技能、创新和学习能力都很被看重。因为唯有学习型的组织才能让企业拥有一支高素质的、具有创新能力的员工队伍，才能始终保持在行业中的领先地位。企业所处的社会科技环境发生变化，市场也需要发生变化，企业的核心能力不可能一劳永逸，企业必须具有学习的能力。林山等（2004）指出，组织创新与学习能否成功与其显性文化、隐性文化相互作用、密切相关。持续的创新力、学习力是企业保持和谐能力的关键。刘璇华（2006）认为，组织创新学习力是组织核心能力提升的切入点，也是核心能力赖以生存的保证，组织创新学习力可以提高组织效率和成功率，从而带来组织绩效的提高。创新学习力的意义在于打破企业的竞争模式和思维定式，企业只有不断地超越自我，获得竞争优势，才能维持和提升核心能力。张志鹏（2005）指出，企业持续的创新会促进企业收益的增加，企业的核心竞争力实际上是与组织学习、创新联系在一起的。因此，我们展开了企业创新学习力与组织绩效之间的关系研究。

3.2.2 企业文化力与组织绩效关系假设

根据上述对企业文化力及企业文化力四个维度与组织绩效关系的推理，我们提出本书的第一个假设，并在此基础上提出四个子假设：

假设 1：企业文化力对组织绩效存在正向影响。

假设 1a：精神文化力对组织绩效存在正向影响。

假设 1b：制度文化力对组织绩效存在正向影响。

假设 1c：行为文化力对组织绩效存在正向影响。

假设 1d：创新学习力对组织绩效存在正向影响。

3.3 企业文化力与员工行为关系

3.3.1 企业文化力与员工行为模型构建

王琴（2012）认为，企业文化力必须借助于企业员工的思想意识、行为举止来展现。一方面，企业文化力使员工认识到自己的行为在企业整个发展战略上的作用，使员工将企业的愿景、价值、目标内化为指导自身行为的价值观、意识，达到企业和个人的统一；另一方面，这种内化了的企业文化力必将束缚作为个体的员工将企业的利益放在极其重要的位置，当行为与规范不一致时，能及时地纠正。领导者有效地塑造相应的文化规范并转化成管理和员工行为（Brockbank，Ulrich & Yakonich，2002）。杨洪常（2003）强调，真正驱动员工行为的深层次企业文化非常重要。张敏和陈传明（2005）得出结论，企业文化通过指导企业成员的行为与价值观来对企业的行为产生影响，而人是组织中最具有反应性、适应性和想象力的基本元素，企业任何行为的效率都要受到其成员行为的制约。企业文化归根结底是人在实践中创造的，人的因素与企业文化环境有密切关系（李明华，1993）。通过员工的行为，企业的价值追求和理念变成了可以触摸和感受的东西；通过员工的行为，顾客及社会可以清晰地理解企业的文化。根据前文文献综述，员工行为主要包括组织承诺、组织公民行为与离职倾向。

3.3.1.1 企业文化力与组织承诺

大多数学者认为文化匹配对组织承诺有正向影响。Hariis 和 Mossholder（1990）指出，组织文化可以影响到组织的个体态度，如个体成员对组织的承诺。Meglino 等（1998）认为，具备文化影响力的企业会通过相互沟通模式增进彼此之间的协商机制，能够快速地联系各方沟通、减少冲突，进而使员工对企业的忠诚度增加。O'Reilly（1991）对企业高管的分析调查说明，员工和企业协调程度越大，则公司职员的对应合作越高。员工—公司精神纽带作用在国内也被充分证明。刘小平等（2002）研究发现，在跨国公司中，企业职员的协商契约通常会受到内部精神文化的作用，而在国有企业里，协商契约受企业文化作用更高。赖明政（2005）运用实证分析说明，公司文化影响对员工协约拥有较大的作用联系，也就是说员工对公司忠诚度越高，其协约履行效率就会越高。刘小平（2003）将个人—企业文化匹配列为组织承诺的影响要素之一。黄维德（2005）也认为，公司精神和员工忠诚度的关系将直接作用于职员组织承诺的状况。陈卫旗（2007）分析指出，员工的职务、管理制度对员工劳动效率与综合素养有重要影响。樊耘等（2012）认为，企业文化的激励性和公平性通过人力资源管理实践对知识型人才的情感承诺实现了正向相关关系。

在公司运营模式下，本书对公司精神、企业控制等情况和企业绩效的作用关系进行整理，了解到这种模式还会受工作条件的影响。企业经营在上述情况下皆会有明显的体现；与此相对比，跨国公司的综合精神文化制约着此种关系；在国内公司中，公司精神作用着协商承诺，这也体现出国内公司的企业精神沟通有更紧密的联系。因此，我们展开了企业文化力与组织承诺之间的关系研究。

3.3.1.2 企业文化力与组织公民行为

Organ（1988）在分析公民行为日常时，曾指出企业精神和企业职工行为之间拥有非常紧密的联系，若企业员工适应公司的精神且个人择业观与公司管理观一致，员工的行为作风便更为规范。依据 Goodman（1999）对企业文化和内部职工行为的分析说明，企业精神中顽强、敬业这两个概念对员工的影响率为 10.6%。这可体现出企业精神一定对员工的工作绩效具有很大的作用力。同时，Turnipseed（2000）基于欧洲全球企业的员工调查也能够看出，公司管理、环境文化及工作背景对员工的相关日常的确具备较大的影响。史泉（2013）关于这方面的理论也由于企业文化的出现而产生，并对其具有的作用因素进行了综合分析，指出组织文化也是较为凸显的一个项目。企业员工行为的影响要素通常源于以下方面：企业个人原因、管理高层原因与社会环境原因。企业管理层与环境因素所影响的公司风貌必将对员工的相关行为具有较强的干扰。由于职员在企业中所存在的各种状况与表现在很大程度上会受公司精神风貌的影响，因此李亚楠（2016）对公司精神和员工行为习惯等自变量进行了综合研究，并认为习惯是文化的浅层展现，一家企业的文化风貌决定了员工素质的整体水平。

现有研究多从个体层面考察组织公民行为的影响因素。但是企业文化力作为组织情境中的一个重要变量，它是否会影响员工的组织公民行为？如果是，它又是如何影响员工组织公民行为的？目前并没有人针对中国文化背景下员工的组织公民行为进行系统的实证研究。因此，我们展开了企业文化力与组织公民行为的关系研究。

3.3.1.3　企业文化力与离职倾向

众多学者（Schein，1985；Smircich，1983；Lim，1995）对离职倾向等概念进行了理论上的分析，通过实践抽样调查并运用 Q 分类模式探讨了企业精神对员工离职状况的作用，其探索具有前瞻性。此外，Marcoulides 和 Heck（1998）及 Johnson 和 McIntye（1993）等西方学者也对这一模式进行了分析。

现在，公司精神文化影响对技能型员工跳槽作用的理论有以下特征：一是通常保持在定性层面，又因效果不够明显，需要进一步实例分析。周洋（2008）指出，不能有效接受公司文化是技能型职工在企业运营中跳槽的重要因素。段兴民和王亚洲（2005）则运用案例研究，得出公司精神层级等多种要素对技能型员工跳槽有重要作用，然而就具体诱因的进一步研究还需进行深入。丁秀玲（2004）也指出，公司精神底蕴是职工跳槽的一个关键决定因素。二是有众多相关实例说明公司文化对离职可能有作用，但并非表示两者有一定的关联。例如，纪晓丽等（2010）运用实践调查得知，公司形象对技术性员工忠诚度有明显的积极意义。Denison（1990）对企业文化架构的四个因素进行分析，认为匹配度与参与性对职员忠诚度有干扰。但 Price-Mueller（2000）在员工离职演算中则指出员工的忠诚度对跳槽具有导向作用，所以公司精神形象会通过作用于员工忠诚度来左右员工离职情况。

Brenner 等（1988）的分析表明，若员工自身的职业观和企业不能和谐共存，必然会引起工作效率降低，并出现离职情况。Kanchie 和 Unrch（1989）分析表明，企业员工在职业上的创新性、忠诚度、专业化与成就感等方面的成绩明显比未跳槽员工大；而在职业道德观的经济效益、邻里关系、信誉等方面的绩效则明显下降。张美云（1998）研究表明，职业道德观的邻里关系、不确定化、个人性格对员工的跳槽具有明显的竞争力，而职业道德观的个人兴趣、掌控的职务、利益的需要皆对职员的离职存在明显的推动力。马剑虹和倪陈明（1989）的分析说明，职业道德观的劳动评价结果和职工心理因素对企业运营具有明显的导向作用，其会使员工在企业中的忠诚度及职业趋向发生改变。总而言之，很多情况说明，公司精神形象是左右员工存在离职情况的重要因素之一。因此，我们展开了企业文化力与离职倾向的关系研究。

3.3.2　企业文化力与员工行为关系假设

根据上述对企业文化力与员工行为关系的推理，我们提出本书的第二个假设，并在此基础上提出三个子假设：

假设 2：企业文化力对员工行为存在正向影响。

假设 2a：企业文化力对组织承诺存在正向影响。

假设 2b：企业文化力对组织公民行为存在正向影响。

假设 2c：企业文化力对离职倾向存在负向影响。

3.4　员工行为与组织绩效关系

3.4.1　员工行为与组织绩效模型构建

20 世纪 80 年代，随着企业文化理论的兴起，威廉·G. 大内（1980）

在人本管理的基础上提出了 Z 理论，强调组织支持、组织气氛、员工关系对员工生产率的影响作用。这一理论在实证检验中得到了支持，具体包括以下因素：组织承诺、组织或主管支持、变革型领导、组织气氛、工作环境和工作条件、授权、薪酬公平感、公司制度及公司文化等（Riggle Edmondson & Hansen，2009；吴敏、刘主军和吴继红，2009；仲理峰等，2013；王震、宋萌和孙健敏，2014）。曲庆和高昂（2013）研究发现，活力和市场价值观和个人—组织契合度与员工工作业绩基本呈正相关。鉴于此，本书倾向于绩效的行为综合观，认为组织绩效的因变量应该涵盖员工的工作能力、态度和行为。帅萍和葛莉萍（2004）研究得出，员工个体的努力与企业绩效正相关，员工越努力，对企业价值的贡献也越大。也有研究得出结论，人力资源议程与活动的聚集影响企业 10% 的经营绩效（Brockbank，Ulrich & Yakonich，2002）。因此，本节就员工行为方式即组织承诺、组织公民行为和离职倾向与组织绩效的关系分别进行分析。

3.4.1.1　组织承诺与组织绩效关系

就目前来说，对于企业劳动合同与员工业务两者关联的理论还没有定论。Steers（1977）指出两者并无明显联系，而 Porter（1975）则在其著作中指出企业合约和工作绩效随定量进行变化。此外，Dubin（1975）指出员工忠诚度越高，劳动效率越大。陈加洲（2001）认为，因为受到变量因素的作用，企业劳动合同与员工业务的关系具有重要联系，但并非强相关联系。胡卫鹏（2004）也指出，具备高忠诚度的职工往往拥有较高的工作效率，之所以会存在差距，是因为分析者调查了不同的采样目标，或者由于在企业劳动合同与员工业务之间拥有较大差异，因此在不同条件下会体现出不同的情况。韩翼（2007）分析指出，企业合约大体上和员工效率呈因变量关系，较完善的企业协约制度会出现高的工作效率，因此很多分析指出，企业合约能够影响工作绩效。王颖和张生太（2008）通过对电子公司进行实地调研发现，企业合约对职工的工作效率与酬劳状况存在一定影响。因此，我们展开了组织承诺与组织绩效之间的关系研究。

3.4.1.2　组织公民行为与组织绩效关系

现在，企业员工行为对一些公司绩效发展的作用理论通常体现在以下方面：企业员工行为能力绩效考核与相关人事调动业务的影响分析；企业员工行为对企业竞争与综合实力效用分析；企业职工行为对企业客观绩效考核的作用。Vilela（2008）指出，在基于互联网运营客服的年终考核标准内，营销业绩占 12 个百分点，而企业职工行为占 48 个百分点。Mackenzie（1998）对两百多名保险企业的营销人员进行调研时，指出企业职工行为在其综合绩效审核中所占的份额多于 40%。但 Podsakoff（2000）对该项目进行了研究，结果显示在综合业绩考核中，业务能力不到 10%，企业员工行为则为 40% 左右，把两者情况加以分析能够得出其占 61.2%，按照排除模式造成的差异依旧能够占 46%。在业绩考核中，企业员工行为效率占有更大比重，而其中的利他心理、职业操守与忠诚度等方面对业绩的作用最为明显。

组织公民行为对组织主观绩效评价的影响方面，在绩效主观评价研究中，组织公民行为指标主要来自于关系绩效的测量。同样，Podsakoff（2000）综合了在此领域内的 8 项研究，综合分析表明，在主观绩效评价中，职务内行为占 9.3%，而关系绩效占 12%，将两者效果合并则可以解释绩效评价中 42% 的变异。以上研究表明，不论在客观还是在主观绩效评价中，组织公民行为的重要作用都不可忽视。

关于组织公民行为对组织绩效评价影响的实验研究也表明，组织公民行为和关系绩效影响组织对个体绩效评价、薪酬、奖励分配和晋升的决策。研究者通过操纵组织公民行为、关系绩效和职务内行为变量，考察它们对绩效评价及相关决策的影响。这些研究结果表明，组织公民行为（关系绩效）与这些结果变量的因果关系显著。同时，许多实证研究也发现，职务外行为和职务内行为的相互作用也是显著的。

前面的分析情况说明，企业职工行为对多项公司实力预算及员工调动管理皆有明显效用，并和工作中的行为存在一致性。同时，企业员工行为与职务外行为的彼此关联也会间接作用于员工调动的管理状况。

关于企业员工行为对公司业绩与实力影响的分析，虽然很多研究者都认为企业员工行为能够提升公司业绩，强化公司运行机制，但对该理论进行实例举证依然较为麻烦，所以类似这方面资料较少。现有的少量文献表明，企业员工行为和企业的工作效力、运营程度、管理体系皆存在很大关系。企业员工行为和公司日常的不良习惯等因素也有较大的关联，同时又指出优秀的品质对企业健康运行也具有重要影响。因此，上述情况客观地评价了 Organ（1988）基于企业员工行为决定公司综合业绩与实力的理论。

赵曙明等（2005）指出，组织公民行为是一种自主的有利于组织有效性的个人行为。组织公民行为可以增强员工之间的协调与合作，节约公司资源，营造和谐的组织氛围等，这种行为有利于促进组织有效性，提升企业绩效和促进企业发展。因此，我们展开了组织公民行为与组织绩效之间关系研究。

3.4.1.3 离职倾向与组织绩效关系

员工辞职通常分为主动与被动两种情况。所谓被动离职通常是由于企业裁员所造成的失业。职工的被动离开往往对公司建设有好处，但员工主动跳槽一般对公司的运营有不好的影响。员工的自行离职会引起公司人心不稳，使人才资源受到影响，因此自行解雇往往成为企业运营者与学界研究者关注的重点。换个角度来看，辞职对于员工的出行、收入与生活状况等皆有十分重要的影响，这些人通常皆会经过仔细思考和分析后才会决定辞职，因此员工在辞职以前都会表现出负面辞职情绪。

员工辞职是由于公司已经丧失了员工对它们的信任，所以员工出现了从公司跳槽的想法。Mobley（1979）实证分析认为，离职是由于员工对公司的多种不满而造成的综合性结果，离职意愿产生与其正式辞职呈现正相关联系。所以，尽早地掌握员工的离职意愿有助于公司快速采取措施，减少员工主动辞职的状况，确保公司运营的安全性，增强公司的综合绩效。赵曙明等（2005）基于员工的辞职意愿对公司业绩可能存在的不利作用进行了离职倾向与企业绩效关系的分析。因此，我们展开了离职倾向与组织绩效关系研究。

3.4.2 员工行为与组织绩效关系假设

根据上述对员工行为与组织绩效关系的推理，我们提出本书的第三个假设，并在此基础上提出三个子假设：

假设3：员工行为对组织绩效存在正向影响。

假设3a：组织承诺对组织绩效存在正向影响。

假设3b：组织公民行为对组织绩效存在正向影响。

假设3c：离职倾向对组织绩效存在负向影响。

3.5 企业文化力、员工行为与组织绩效三者整合关系

企业文化影响员工的价值取向，从而影响其行为方向、行为方式、行为力度和效率，进而影响企业的整体运作效率（田奋飞，2002）。杨志民等（2005）指出，企业文化有规范企业员工行为，提高企业经营绩效的作用。王丽娟（2006）也强调，企业文化能够引导和塑造员工的态度和行为，从而影响到公司的最终业绩。周晔、胡汉辉和潘安成（2006）认为，企业文化力对企业具有导向、规范、凝聚、激励和辐射等功能，是企业获取可持续竞争优势的重要保障，它既能为员工提供非凡的动力，又能提高企业绩效。卢美月和张文贤（2006）强调，企业文化是一种具有品牌效应的无形资产，有强大的生命力和扩张力，它虽然不能直接创造经济效益，但能通过对人的管理影响生产、销售、市场、消费，从而影响企业的效益，决定企业的命运和发展，是一种作用巨大、潜力无穷的文化生产力。杨浩和宋联可（2012）认为，企业要实现绩效的提升，就必须改变员工行为，改变员工行为又需要引导员工的心态。Maria（2016）认为，员工行为是企业文化力影响组织绩效的重要工具。

何丹等（2009）认为，组织文化作为一种意义形式和控制机制，能够

引导和改变员工的工作态度，组织文化水平越高，员工对组织的承诺就越强。由此可进一步推论，良好的组织文化可促进员工对组织的感情承诺，这对于提高组织绩效是至关重要的；而不良的组织文化使员工对组织的承诺降低，进而可能会降低工作绩效。王亚鹏等（2009）认为，组织文化在对员工的组织公民行为产生影响时，可能更多的是通过员工所知觉到的组织文化来影响他们自身的表现。换句话说，当员工知觉到组织文化鼓励或引导某种行为时，他们会更多地表现出相应的行为；相反，当他们知觉到的组织文化不鼓励或者不强调某种行为时，他们则可能不会表现出某种行为。

聂清凯和何浩明（2012）认为，企业文化力是企业生产经营管理过程中一只"看不见的手"，它通过全体员工的共识对企业管理系统产生调节作用，对管理要素产生协调作用，对工作效率和经济效益产生增强的作用。我们认为，最成功的战略人力资源管理应该是通过影响员工的心理而最终实现员工绩效的提升。改变员工心理的方法有多种，企业文化力是其中最有影响力的一种方式。企业文化力的凝聚力可以让群体成员形成共同看法和价值观，容易表现出一致的行为，为共同的目标协同合作。可以通过打造基于企业文化力的战略人力资源管理模式，通过企业文化力的渗透作用，从员工内心改变行为而提高绩效，重视人的特性，真正实现以人为本。组织绩效是通过组织中所有个人的绩效加起来体现的，依靠个人绩效目标的实现来支撑组织整体的绩效目标。可以说，个体绩效是组织绩效的基础，并且个体绩效是通过员工的行为起中介作用来影响组织绩效的。聂清凯和何浩明（2012）指出，心理契约构成企业文化力的内核，企业文化力直接影响到组织员工行为，进而作用于组织绩效。

据此，我们提出本书的第四个假设：

假设4：员工行为对企业文化力与组织绩效的关系影响具有中介作用。

该部分在前面工作的基础上，试图建立起企业文化力、员工行为与组织绩效之间关系的理论模型，拟将企业文化力、员工行为与组织绩效相关变量做如下说明：

（1）企业文化力主要由精神文化力、制度文化力、行为文化力和创新学习力四部分组成。

（2）员工行为主要包括组织承诺、组织公民行为和离职倾向三个方面。

（3）企业文化力、员工行为都对组织绩效有正向影响。

（4）企业文化力以员工行为为中介变量影响组织绩效。

因此，结合上述研究中涉及的变量并在前三章的基础上，我们构建了企业文化力对组织绩效影响的机制理论模型，如图3-2所示。

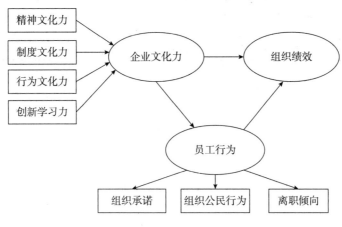

图3-2 研究模型

为了研究的方便，对变量间的假设关系进行了整理，如表3-6所示。

表3-6 本书研究假设汇总

编号	假设内容	假设类型
H1	企业文化力对组织绩效存在正向影响	开拓性
H1a	精神文化力对组织绩效存在正向影响	开拓性
H1b	制度文化力对组织绩效存在正向影响	开拓性
H1c	行为文化力对组织绩效存在正向影响	开拓性
H1d	创新学习力对组织绩效存在正向影响	开拓性
H2	企业文化力对员工行为存在正向影响	开拓性
H2a	企业文化力对组织承诺存在正向影响	开拓性
H2b	企业文化力对组织公民行为存在正向影响	开拓性
H2c	企业文化力对离职倾向存在负向影响	开拓性

编号	假设内容	假设类型
H3	员工行为对组织绩效存在正向影响	验证性
H3a	组织承诺对组织绩效存在正向影响	验证性
H3b	组织公民行为对组织绩效存在正向影响	验证性
H3c	离职倾向对组织绩效存在负向影响	验证性
H4	员工行为对企业文化力与组织绩效的关系影响具有中介作用	开拓性

4

企业文化力

研究设计

在文献回顾和提出研究假设及模型构建的基础上，本书需要通过大规模调研来获取相关数据并对它们进行检验。因本书是涉及组织内部的研究，同时也有一些客观的因素，其中所涉及的企业文化力、员工行为和组织绩效等数据无法从公开资料中获得，故采用问卷调查的方式进行数据收集。本章将主要对问卷设计、变量测量、分析方法等做出说明。

4.1　问卷设计

问卷调查是获得统计数据的常用方法之一，良好的问卷设计是保证数据信度和效度的重要前提。为了更加客观地反映出企业的实际情况，根据Gerbing 和 Anderson（1988）、Dunn 等（1994）及王瑛（2003）等的建议，本书通过以下流程进行问卷设计：

由于对公司影响力缺乏相关的文献资料，本书将运用实践分析、专家协商等方法和部分公司高管进行交流，并采取对某些理论审核机制，在书中使用自身开发的测量量表。针对员工行为与企业业绩，运用资料收集与随机抽样相结合的方法进行问卷调查。在资料分析中，分别对职工情况进行了研究，在此情况下，仿照并运用了已有资料内的某些逻辑关系，运用这两种模式的方案，能够进一步完善本书的抽样调查问卷。

和专业人士沟通整理调查问卷。在完善调查问卷之后，在不对每项调查内容进行剖析的条件下，以所有调查内容为基准，对待调查要素的特征性、语言用法与措辞等部分是否无误进行分析。按照分析的成果，本书对调查内容及内容概要进行了修改，并对所属对应内容进行了完善。接着就调查问卷中的设置是否可以体现公司情况与变量间的层次关系向专业人士进行了请教，并依据他们的建议，最终完成了调查问卷内容设置。

本书分析结果除了部分调查者资料与公司情况外，其余项目皆通过Likert7级量表进行测量，数字从1到7表示非常不同意、不同意、有点不同意、一般、有点同意、同意与非常同意。因为被调查者给予的信息皆是基于本身的自我感受，或许会使被调查者的真实性与正确性受到一定因素影响，造成初始信息与研究结果存在误差。Fowler（1988）发现了影响调查者真实与正确性调查的几类因素。基于以上情况，本书将通过以下措施努力确保调查问卷的真实性与可靠性。

（1）确保题项的内容能被填答人充分理解。为了降低因为表达误差、专业性过高等情况造成的内容偏差，确保调研项目能被调查者充分熟悉并正确理解，本调研问卷在设计环节中广泛收集学术界专家和商业界管理层精英的意见，并对其进行了修改，对调查问卷的部分语言和措辞重新加以完善，以尽量减少调查内容不被人理解的情况。

（2）选择合适的填答人。本问卷的很多调查选项都需要对公司的综合状况在有较清晰的了解的背景下才能进行填写，为了努力减少因被调查者不清楚相关数据而引起的误差，本书对该公司服务两年或以上的职工进行筛选，并基于公司综合经营服务状况，邀请内部高管及优秀员工来填写调查问卷，并规定被调查者对理解有误的内容可向有关人员问答后再填写。

（3）减少填答人的记忆偏差。本问卷的很多调查内容需要被调查者对以往的数据进行分析，为了降低被调查者由于时限过长而很难对相关资料进行复述所引起的不良效果，本调查相关的内容皆是公司近几年来的信息，努力减小因为调查者回忆问题所造成的误差。

（4）打消填答人的顾虑。本书中的调查内容会涉及公司的所有资料，基于保密的情况，有些被调查者或许清楚相关的情况但不想填写，为了降低这种问题所引起的不良效果，本调查初始即向被调查者提出要求，其每项内容皆不包括公司的重要机密，所得到的数据也不会用于其他目的，仅是单纯地用于学术分析研究。

4.2　变量测量

本书借鉴了国内外常用的实证研究方法，所涉及的变量包括自变量企业文化力（精神文化力、制度文化力、行为文化力和创新学习力）、中介变量员工行为（组织承诺、组织公民行为和离职倾向）、因变量组织绩效。在各变量的测量题项方面，主要借鉴和沿用了国内外常用的成熟量表，对于不具备成熟量表的变量，则在借鉴相关概念测量题项的基础上，结合本书研究对象的特征和实地调研结果来确定其测量题项。

4.2.1　企业文化力测量

通过深度访谈、文本分析开发企业文化力测量量表，企业文化力主要包括精神文化力、制度文化力、行为文化力和创新学习力四个维度，本小节将对它们的测量题项的来源及预测试前确定的题项组成予以说明。目前企业文化力的研究尤其是实证方面的研究还没有，缺乏相对成熟的量表，并且对企业文化力的构成还存在异议。但企业文化力是可以测度和评价的，只要设计出合理、科学的评价指标体系，就完全可以测量出一个企业目前的文化力作用强度。通过第 2 章的量表开发，本书企业文化力的测量量表主要有以下内容。

4.2.1.1　精神文化力的测量

本书从组织层面开发出自身的精神文化力的量表，该量表共五个维度，即企业家精神、企业价值观、企业道德、企业社会责任和企业凝聚力，共五个题项，如表 4-1 所示。

表 4-1　"精神文化力"的题项、内容与来源

题项	内容	来源
SC1	我们公司有自身的企业家精神，人们充满活力，富有开拓精神，愿意表现自己并承担风险	量表开发
SC2	我们公司有一系列的价值观体系，坚持以人为本、诚信创新的原则	
SC3	我们公司非常重视企业道德，遵循依法纳税、保护环境、诚信合作的原则	
SC4	我们公司有社会责任感，做慈善、设立助学金等回馈社会的活动	
SC5	我们公司的凝聚力来源于企业团队建设，部门协调合作，员工同心同德、共同奋斗	

4.2.1.2　制度文化力的测量

本书从组织层面开发出自身的制度文化力的量表，该量表共五个维度，即企业薪酬制度、企业激励机制、企业管理标准与操作流程、企业信息化管理与沟通和企业民主，共五个题项，如表4-2所示。

表 4-2　"制度行为力"的题项、内容与来源

题项	内容	来源
IC1	我们公司根据部门、岗位及绩效要求设置有一套完善的薪酬制度	量表开发
IC2	我们公司设置有多种奖项和员工晋升机制来激励员工	
IC3	我们公司有完整的企业管理制度和办法，以及系统化的操作流程	
IC4	我们公司通过互联网办公平台实现了信息化管理，并通过聊天工具实现了无障碍沟通	
IC5	我们公司通过设立职工代表大会、企业工会和民主选举等活动来实现企业民主	

4.2.1.3　行为文化力的测量

本书从组织层面开发出自身的行为文化力的量表，该量表共五个维度，即企业经营实战经验、企业守法履约经营、企业活动、员工知识技能

和员工行为规范，共五个题项，如表4-3所示。

表4-3　"行为文化力"的题项、内容与来源

题项	内容	来源
BC1	我们公司的领导知识面广，具有丰富的企业经营实践经验	量表开发
BC2	我们公司在经营过程中守法、敬业、诚信、高效，所有业务均按照国家规定执行	
BC3	我们公司有丰富多彩的企业活动，如联谊活动、主题活动、体育比赛等	
BC4	我们公司员工能根据岗位要求，熟悉地掌握本职位的知识技能	
BC5	我们公司使用员工手册并对新员工进行入职培训来规范员工行为	

4.2.1.4　创新学习力的测量

本书从组织层面开发出自身的创新学习力的量表，该量表共四个维度，即创造性思维、创新能力、再学习意识、学习能力，共四个题项，如表4-4所示。

表4-4　"创新学习力"的题项、内容与来源

题项	内容	来源
CL1	我们公司领导具有创造性思维，并鼓励和支持员工去创新	量表开发
CL2	我们公司会在销售、管理、服务等多方面进行创新	
CL3	我们公司领导具有再学习的意识，并鼓励和提供员工学习的机会和平台	
CL4	我们公司通过学习引进新的管理模式，并对管理提出建议	

4.2.2　员工行为测量

通过文献回顾部分的分析，员工行为主要包括组织承诺、组织公民行为和离职倾向三个方面，本小节将对它们的测量题项的来源及预测试前确定的题项组成予以说明。各变量的量表尽可能借鉴中国学者本土研究或修订的量表，同时，根据研究的需要和变量的特点，选择适合的测量角度。

4.2.2.1 组织承诺的测量

本书采用 Meyer 和 Allen（1997）开发的组织承诺量表，已有的国内外大量研究表明该量表具有良好的信度和效度。该量表共三个维度，即情感承诺、持续承诺和规范承诺，共 18 个题项。每个维度用 6 个题项测评，其中设置 3 个反向题目，如表 4-5 所示。

表 4-5　"组织承诺"的题项、内容与来源

题项	内容	来源
OC1	我很乐意长时间在本单位工作，直到退休	
OC2	我把本单位的事情当成自己的事情来考虑	
OC3	我在情感上并不特别依附于目前的单位	
OC4	在目前的单位（公司）工作对我来说非常有意义	
OC5	我对目前的单位（公司）没有很强烈的归属感	
OC6	我喜欢与单位外的其他人谈论我所在的组织	
OC7	如果我决定离开本单位（公司），我的生活有很多方面都将被扰乱	
OC8	如果在近期离开本单位（公司），我的损失不会很大	
OC9	留在目前的单位（公司）继续工作不仅是我的一种愿望，更是我的一种需要	Meyer 和 Allen（1997）
OC10	如果没有在本单位（公司）投入、付出那么多，我会考虑去别处工作	
OC11	我留在本单位（公司）的一个主要原因是：离开意味着要付出较大的损失，在其他公司我可能无法获得类似的福利待遇	
OC12	我留在本单位（公司），主要因为难以找到其他合适的工作机会	
OC13	如果现在离开单位，我会觉得愧疚于单位和领导	
OC14	我不会离职，因为我认为自己对单位同事负有责任	
OC15	我认为自己没有义务必须留在本单位	
OC16	本单位值得我对它忠诚	
OC17	本单位对我不错，我理应报答	
OC18	即使对自己有利，我现在也不会离职，因为我认为这样做不好	

4.2.2.2　组织公民行为的测量

组织公民行为的概念出现以后，很多学者对组织公民行为的测量进行了研究，量表、维度各有不同，如表4-6所示。

表4-6　组织公民行为维度比较

Smith 等（1983）	Organ（1988）	Moorman 和 Blakely（1998）	Farth 等（1997）
利他行为 普遍性配合	利他行为 责任心或服从性 运动员精神 谦让 公民道德	人际帮助 个体进取心 个人努力 责任心	同事间利他行为 认同组织 主动性 人际关系和谐 爱护组织资源

由于Farth 等（1997）的组织公民行为量表是在中国开发的，适合中国本土员工的情况，在研究中具有良好的信度和效度，因此本书采用该量表来测量组织公民行为。量表为7点量表，从"非常不同意"到"非常同意"，包含20个项目（见表4-7），主要涉及五个维度，分别是同事间利他行为、认同组织、责任感、维护人际关系和谐与爱护组织资源。

表4-7　"组织公民行为"的题项、内容与来源

题号	题项内容	来源
OCB1	我愿意帮助新同事适应工作环境	
OCB2	我愿意帮助同事解决工作上的问题	
OCB3	我愿意在需要的时候分担同事的工作任务	
OCB4	我愿意和同事合作并交流工作经验	
OCB5	我工作非常认真，很少犯错	Farth 等 （1997）
OCB6	即使在没人监督和难以被评定的情况下，我也会遵守公司的规章和程序	
OCB7	我愿意承担新的或具有挑战性的工作任务	
OCB8	我努力充实自我以使工作质量得到提高	

续表

题号	题项内容	来源
OCB9	我经常提前上班并着手处理工作	
OCB10	当工作单位受到批评时我愿意站出来维护工作单位的名誉	
OCB11	我热心地向工作单位外的人宣传有关工作单位的好消息或消除他人的误解	
OCB12	我会向工作单位提供能改善工作单位运作情况的建设性建议	
OCB13	我积极出席工作单位的会议	
OCB14	我常常在背后议论上司或同事的缺点	
OCB15	我采用不适当的行为寻求个人影响和利益，从而造成了有害于工作单位员工团结的不良后果	Farth 等（1997）
OCB16	我在工作单位要得到好处而避免责任、竭力争取个人利益	
OCB17	我会占用工作时间干自己的事（如炒股、购物、理发）	
OCB18	我会利用职位之便满足个人私欲	
OCB19	我会利用工作单位的资源干自己的事（比如使用公司电话、复印机、电脑和汽车等）	
OCB20	我视病假为得利，因此经常找借口得到病假	

4.2.2.3 离职倾向的测量

在离职倾向的测量方面大部分学术研究的工具是 Mobley（1977）提出的量表，主要测量员工对企业印象的转变、离职的念头、寻找其他工作的行为及找到工作的可能性。虽然 Michaels 和 Spector（1982）曾提出修订的量表，但基本上仍与 Mobley 的量表大致相同。樊景立和 Farth 等（1998）也开发了离职倾向量表，Farth 等（1997）在中国香港使用该量表进行过研究，认为该量表有较高的内部一致性系数和重测信度。因此，本书采用该量表来测量离职倾向。量表在形式上采取 Liket7 点尺度法，最低为 1 分，表示"非常不同意"，最高为 7 分，表示"非常同意"，包含 7 个项目（见表 4-8）。

表 4-8 "离职倾向"的题项、内容与来源

题项	内容	来源
LE1	我不希望离开目前的工作单位	
LE2	我打算在目前的工作单位中待尽可能长的时间	
LE3	一般情况下，我都不会主动离开目前的工作单位	
LE4	我计划在这家单位做长期的职业发展	Farth 等 (1997)
LE5	我常常想到辞去我目前的工作	
LE6	我到明年可能会离开这家单位另谋它就	
LE7	假如我继续待在本单位，我的前景不会好	

4.2.3 组织绩效测量

组织绩效是进行企业管理相关领域研究的重要结果变量，也是企业竞争优势结果的表现（Wiggins & Ruefli，2002），可以用组织绩效的测量问卷结果来反映企业的竞争优势强弱（马刚，2006）。可以采用主观或客观方法测量组织绩效，对多数企业来说，采用企业的客观数据可能会涉及企业的商业秘密，因而第一手的关于组织绩效的实际数字指标很难得到（Sittimalakorn & Hart，2004）。Venkatraman 和 Ramanujam（1986）指出，在战略管理和市场营销领域中，自我报告的相对绩效一般都具有比较稳定的可靠性和效度。以往的研究也证明，主观绩效与客观度量之间存在相当强的相关关系（Sittimalakorn & Hart，2004）。这种通过与企业主营业务所在行业的最主要竞争对手相比较而获得的相对绩效指标，对于企业的实际绩效指标也是一种比较重要的补充性材料（Birley & Westhead，1990）。同时，由于本书的测量问卷的填答人有企业中高层管理者，他们对本企业和主要竞争对手的绩效情况都比较熟悉（李金早，2008），他们的填答不会存在较大的误差。因此，本书组织绩效方面的数据获取采用了填答人自我报告的绩效方法，进行比较的水平是行业的平均水平。

从不同的研究视角和研究内容出发，企业绩效的构成也是不一样的。

Spanos 和 Lioukas（2001）用财务绩效和市场绩效来反映企业的绩效，其中财务绩效的测量题项包括企业的投资回报率、企业的净利润、企业的销售利润率、销售量、企业的销售增长率；市场绩效包括企业占有的市场份额、企业市场份额增长率。张勉、李海和魏钧（2007）从财务绩效和人力资源开发水平两个方面来衡量组织绩效，其中财务绩效包括对利润率、市场份额、市场推广和销售增长的自我评价。从上述学者的研究来看，财务绩效都是主要的组织绩效研究对象。常用的财务指标包括资本收益率、销售收益率和股权收益率（Hoskisson，Johnson & Moesel，1994；Antoncic & Hisrich，2003）。但是，股权收益率比较容易受到股权和负债的影响，难以进行企业间的比较。其余两个指标都比较适用，且具有相当的相关性（Greve，2003）。

同时，企业的非财务绩效也是不能忽视的。Chakravarthy（1986）认为，财务比率的作用是有限的，它们不能抓住战略计划的总体效果。杜胜利（2001）也认为，以往的会计性绩效审核主要依靠对公司经营情况的判定，一般会引起公司追求利益而忽略企业形象塑造。Said 和 hassabelnaby（2003）也认为，和非会计绩效相比，消费者和员工的忠诚度、市场份额等非会计绩效可以较高地体现出公司以后经营状况的变化情况。Banker、Potter 和 Srinivasan（2000）也指出，此类非会计绩效在评判时具有重要意义。

李正卫（2003）通过会计绩效与非会计绩效相融合的多重要素来体现公司运营情况，其调查内容涵盖企业近几年服务占比额占企业总销售量的增值额度、近期企业获益的平均增值额度、近期内企业服务的综合市场运营力、近期内企业计划盈利状况的综合实现情况、近期企业总盈利税前综合盈利状况。谢洪明等（2006）在分析中也统一运用了会计指标与非会计指标，此会计指标主要涵盖企业对盈利增值额的满足率、企业对市场份额的满足率、企业对纯盈利状况的满足率、企业基于售卖状况的满足率、企业基于管理环节中的资金储备的满足率、企业基于付出回报比的满足率。而非会计指标主要涵盖企业基于新服务的综合业绩的满足率、企业基于市场的营销绩效的满足率、企业基于产品制作环节中的产出质量的满足率、企业基于公司运营费用的满足率，以及企业基于职工的工作阶段提高前景的满足率、企业基于公司的整体精神风貌的满足率。陈衍泰（2007）则通过多要素来确定公司综合实力，实际内容包括运用这方面相关资料使公司的运营机制更为合理、通过相关技术使公司关键能力长期稳定增值、通过相关技术使公司实现盈利增值的目标、通过相关技术使公司实现服务高质量化的效益、通过相关技术提升产品及服务的综合盈利、通过相关技术公司可以提升消费者满足度、通过相关技术提高公司管理的综合绩效、通过相关技术使职工的劳动效率与技能有效增加、通过相关技术提升设备制造能力、通过相关技术着力推进新产品及管理的研发。

综合以上学者的观点，根据本书的对象（多个行业）及填答人（企业主管或企业中高层管理者）的特点，本书将采用主观评价的数据进行分析。在主要参照 Venkatraman 和 Ramanujam（1986），李正卫（2003），谢洪明、刘常勇和陈春辉（2006），陈衍泰（2007）及结合实地访谈的基础上，本书将企业绩效的测量题项确定如表4-9所示。

表4-9　"组织绩效"题项、内容与来源

题项	内容	来源
OP1	企业对资产回报率的满意度	Venkatraman 和 Ramanujam（1986）；Spanos 和 Lioukas（2001）；Said 和 Hassabelnaby（2003）；李正卫（2003）；谢洪明、刘常勇和陈春辉（2006）；陈衍泰（2007）
OP2	企业对销售增长率的满意度	
OP3	企业对经营过程中的现金流量的满意度	
OP4	企业对自身产品和服务质量的满意度	
OP5	企业对自身公众与社会形象的满意度	
OP6	企业对自身竞争优势和市场地位的满意度	

5

企业文化力

数据分析

在前 4 章企业文化力量表开发、文献回顾、提出研究假设和模型构建及研究设计的基础上，本章主要是进行大样本的调查和数据分析。首先介绍问卷发放的对象、方法和有效问卷的选取方法，然后使用 SPSS 22.0 和 AMOS 20.0 对正式的数据进行描述性统计分析、信度分析、相关分析、回归分析和结构方程模型检测，对研究假设进行验证。

5.1 描述性统计分析

因本书的数据无法从公开资料中获取，所以采用问卷调查来收集数据。本次调研以北京、郑州、上海、西安和广东为主的公司员工为样本，收集数据。所有调查问卷都为纸质问卷，主要通过研究者本人现场发放和回收，共发放 400 份问卷，收回 384 份，回收率达到 96%，且都是有效问卷。

5.1.1 样本特征分析

使用数据分析软件 SPSS22.0 对 384 个样本进行描述性统计分析，包括性别、年龄、工作年限、学历、工作部门和职务级别。统计分析结果如表 5-1 所示。

表 5-1　描述性统计分析（N=384）

基本信息	类别	频数	百分比（%）
性别	男	189	49.22
	女	195	50.78
年龄	29 岁及以下	131	34.11
	30~39 岁	203	52.86
	40~49 岁	42	10.94
	50~59 岁	8	2.08
工作年限	1~5 年	110	28.65
	6~10 年	162	42.19
	11~15 年	71	18.49
	16 年及以上	41	10.68
学历	博士研究生	2	0.52
	硕士研究生	46	11.98
	本科	309	80.47
	大专及以下	27	7.03
部门	人力部门	42	10.94
	营销部门	104	27.08
	财务部门	52	13.54
	行政部门	156	40.63
	研究部门	11	2.86
	总经办	15	3.91
	其他	4	1.04
职务级别	高层管理者	9	2.34
	中层管理者	172	44.79
	基层管理者	203	52.86

从表 5-1 可知，样本中男性为 189 人，占 49.22%，女性为 195 人，占 50.78%。大部分的被调查者年龄在 30~39 岁，占 52.86%，50 岁以上的样

本较少，有 8 人，占 2.08%。工作年限在 6 ~ 10 年的样本有 162 个，占 42.19%，五年以下的有 110 人，占 28.65%。样本被调查者的受教育程度不同，大专及以下学历的有 27 人，占 7.03%，本科学历占绝大部分，有 309 人，占 80.47%，硕士研究生 46 人，占 11.98%，博士研究生 2 人，占 0.52%。样本所在部门中，行政部门最多，156 人，占 40.63%，其次是营销部门有 104 人，占 27.08%，其他来自人力、研究、总经办等部门。样本的职务级别方面，基层管理者居多，有 203 人，占 52.86%，中层管理者有 172 人，占 44.79%，高层管理者 9 人，占 2.34%。

5.1.2 题项统计分析

企业文化力 19 个题项的均值、中位数、最大值和最小值等见表 5-2。企业文化力量表的各个题项的均值高于中等水平 3.5，且得分都比较高，表明企业文化力在企业中是一个非常重要的因素。

表 5-2 企业文化力量表的得分分布

题项	均值±标准差	中位数（Q1-Q3）	最大值	最小值	偏度	峰度	正态分布
SC1	5.44±1.07	6.00（5.00-6.00）	7	2	-0.93	0.93	否
SC2	5.72±1.22	6.00（5.00-7.00）	7	1	-1.08	0.98	否
SC3	5.84±1.00	6.00（5.00-7.00）	7	2	-0.73	0.42	否
SC4	5.14±1.25	5.00（4.00-6.00）	7	1	-0.56	0.2	否
SC5	5.59±1.07	6.00（5.00-6.00）	7	1	-1.24	2.61	否
总分	27.72±4.59	29.00（25.00-31.00）	35	9	-1.14	1.22	否
IC1	5.73±1.11	6.00（5.00-7.00）	7	2	-0.91	0.76	否
IC2	5.52±1.18	6.00（5.00-6.00）	7	1	-1.06	1.45	否
IC3	5.72±1.03	6.00（5.00-6.00）	7	1	-1.06	1.65	否
IC4	5.54±1.16	6.00（5.00-6.00）	7	1	-0.95	1.14	否
IC5	5.01±1.38	5.00（4.00-6.00）	7	1	-0.87	0.68	否
总分	27.52±4.65	29.00（25.00-31.00）	35	10	-1.14	1.27	否

题项	均值±标准差	中位数（Q1-Q3）	最大值	最小值	偏度	峰度	正态分布
BC1	5.56±1.12	6.00（5.00-6.00）	7	1	-1.07	1.79	否
BC2	5.77±1.09	6.00（5.00-7.00）	7	1	-0.94	1.06	否
BC3	5.21±1.28	5.00（4.50-6.00）	7	1	-0.69	0.57	否
BC4	5.75±0.89	6.00（5.00-6.00）	7	1	-1.19	2.89	否
BC5	5.82±1.11	6.00（5.00-7.00）	7	1	-1.17	1.93	否
总分	28.10±4.19	29.00（25.00-31.00）	35	10	-0.98	0.87	否
CL1	5.60±1.13	6.00（5.00-6.00）	7	1	-1.09	1.71	否
CL2	5.48±1.20	6.00（5.00-6.00）	7	1	-1	1.13	否
CL3	5.59±1.16	6.00（5.00-6.00）	7	1	-1.03	1.36	否
CL4	5.57±1.10	6.00（5.00-6.00）	7	1	-1.11	1.43	否
总分	22.24±3.90	23.00（20.00-25.00）	28	4	-1.31	1.99	否
总分	105.58±16.19	110.00（97.00-117.00）	133	35	-1.11	1.15	否

组织承诺量表的18个题项的均值、中位数、最大值和最小值等见表5-3。组织量表的题项除了OC4"我对目前的单位没有很强烈的归属感"、OC7"如果我近期离开公司，我的损失不会很大"和OC15"我认为自己没有义务必须留在本单位"以外，其他15个题项的均值都高于中等水平3.5。这表明在企业里面，员工是否有归属感、公司对个人的影响及员工对公司的义务和责任是影响组织承诺的重要因素。

表5-3　组织承诺量表的得分分布

题项	均值±标准差	中位数（Q1-Q3）	最大值	最小值	偏度	峰度	正态分布
OC1	5.34±1.26	6.00（4.00-6.00）	7	1	-0.81	0.56	否
OC2	5.39±1.20	6.00（5.00-6.00）	7	1	-1.13	1.83	否
OC3	3.19±1.36	3.00（2.00-4.00）	7	1	0.59	-0.1	否
OC4	3.10±1.63	3.00（2.00-4.00）	7	1	0.7	-0.43	否

续表

题项	均值±标准差	中位数（Q1-Q3）	最大值	最小值	偏度	峰度	正态分布
OC5	4.92±1.22	5.00（4.00-6.00）	7	1	-0.72	0.07	否
OC6	4.95±1.34	5.00（4.00-6.00）	7	1	-0.61	-0.05	否
OC7	3.35±1.34	3.00（2.00-4.00）	7	1	0.58	-0.14	否
OC8	5.31±1.20	6.00（5.00-6.00）	7	1	-1.02	1.25	否
OC9	3.94±1.40	4.00（3.00-5.00）	7	1	0.07	-0.65	否
OC10	5.43±1.11	6.00（5.00-6.00）	7	1	-0.85	0.92	否
OC11	4.38±1.47	4.00（3.00-6.00）	7	1	-0.2	-0.75	否
OC12	3.51±1.45	3.00（2.00-5.00）	7	1	0.3	-0.62	否
OC13	4.57±1.50	5.00（4.00-6.00）	7	1	-0.62	-0.25	否
OC14	4.94±1.44	5.00（4.00-6.00）	7	1	-0.87	0.25	否
OC15	3.45±1.62	3.00（2.00-5.00）	7	1	0.45	-0.69	否
OC16	5.31±1.25	6.00（4.00-6.00）	7	1	-0.93	1.08	否
OC17	5.27±1.16	6.00（5.00-6.00）	7	1	-0.82	0.65	否
OC18	4.92±1.40	5.00（4.00-6.00）	7	1	-0.69	-0.15	否
总分	81.26±8.65	82.00（76.00-87.00）	109	50	-0.28	1.03	否

  组织公民行为量表的 20 个题项的均值、中位数、最大值和最小值等见表 5-4。组织公民行为量表的题项 OCB14 到 OCB20 均值都为反向计分，计算为正向计分分别为 4.82、5.01、4.49、4.57、4.93、4.40 和 5.18，这表明各个题项的平均得分都高于中等水平 3.5 分，组织公民行为在企业里是基本符合其期望值的。

表5-4　组织公民行为量表的得分分布

题项	均值±标准差	中位数（Q1-Q3）	最大值	最小值	偏度	峰度	正态分布
OCB1	5.92±0.97	6.00（5.00-7.00）	7	2	-0.99	1.46	否
OCB2	5.88±0.87	6.00（5.00-6.00）	7	2	-0.97	2.09	否

题项	均值±标准差	中位数（Q1-Q3）	最大值	最小值	偏度	峰度	正态分布
OCB3	5.67±0.92	6.00（5.00-6.00）	7	1	-0.85	2.15	否
OCB4	6.01±0.95	6.00（6.00-7.00）	7	2	-1.18	2.03	否
OCB5	5.78±1.04	6.00（5.00-6.00）	7	1	-1.15	2.3	否
OCB6	5.94±0.95	6.00（5.00-7.00）	7	2	-0.95	1.05	否
OCB7	5.58±0.97	6.00（5.00-6.00）	7	3	-0.37	-0.38	否
OCB8	5.88±0.92	6.00（5.00-6.00）	7	3	-0.85	0.69	否
OCB9	5.32±1.23	6.00（5.00-6.00）	7	1	-0.8	0.58	否
OCB10	5.32±1.15	5.00（5.00-6.00）	7	1	-0.83	0.91	否
OCB11	5.33±1.15	5.50（5.00-6.00）	7	1	-0.75	0.76	否
OCB12	5.51±0.99	6.00（5.00-6.00）	7	1	-0.89	1.36	否
OCB13	5.59±1.15	6.00（5.00-6.00）	7	1	-0.86	0.76	否
OCB14	2.18±1.17	2.00（1.00-3.00）	7	1	1.26	1.83	否
OCB15	1.99±1.15	2.00（1.00-2.00）	6	1	1.62	2.73	否
OCB16	2.51±1.32	2.00（2.00-3.00）	7	1	1.01	0.88	否
OCB17	2.43±1.24	2.00（1.00-3.00）	7	1	0.8	0.27	否
OCB18	2.07±1.06	2.00（1.00-3.00）	6	1	0.95	0.62	否
OCB19	2.52±1.27	2.00（2.00-3.00）	7	1	0.82	0.11	否
OCB20	1.82±0.92	2.00（1.00-2.00）	6	1	1.12	1.14	否
总分	114.18±14.30	117.00（105.00-125.00）	140	74	-0.81	0.03	否

　　离职倾向量表的7个题项的均值、中位数、最大值和最小值等见表5-5。离职倾向量表的题项 LE5、LE6 和 LE7 均为反向计分，计算为正向计分分别为4.57、4.56和4.35，这表明量表的各个题项的均值都高于中等水平3.5，说明员工离职倾向得分值都比较高，分值越高，说明离职意愿越低。

表 5-5 离职倾向量表的得分分布

题项	均值±标准差	中位数（Q1-Q3）	最大值	最小值	偏度	峰度	正态分布
LE1	5.25±1.37	6.00（5.00-6.00）	7	1	-1.12	0.98	否
LE2	5.32±1.33	6.00（5.00-6.00）	7	1	-1.04	0.78	否
LE3	5.36±1.27	6.00（5.00-6.00）	7	1	-0.95	0.94	否
LE4	5.39±1.46	6.00（5.00-6.00）	7	1	-0.93	0.16	否
LE5	2.43±1.41	2.00（1.00-3.00）	7	1	1.11	0.78	否
LE6	2.44±1.38	2.00（1.00-3.00）	7	1	0.92	0.19	否
LE7	2.65±1.36	2.00（2.00-3.50）	7	1	0.9	0.41	否
总分	37.81±8.25	41.00（33.00-44.00）	49	10	-1	0.25	否

组织绩效的 6 个题项的均值、中位数、最大值和最小值见表 5-6，各个题项的均值得分都高于中等水平 3.5，这说明组织绩效是符合组织要求的。

表 5-6 组织绩效量表的得分分布

题项	均值±标准差	中位数（Q1-Q3）	最大值	最小值	偏度	峰度	正态分布
OP1	5.20±1.11	5.00（5.00-6.00）	7	1	-0.89	1.2	否
OP2	5.40±1.20	6.00（5.00-6.00）	7	1	-0.98	1.12	否
OP3	5.15±1.13	5.00（5.00-6.00）	7	1	-0.74	0.73	否
OP4	5.74±1.03	6.00（5.00-6.00）	7	2	-0.72	0.34	否
OP5	5.63±1.03	6.00（5.00-6.00）	7	1	-0.78	0.95	否
OP6	5.30±1.14	6.00（5.00-6.00）	7	1	-0.84	0.81	否
总分	32.41±5.39	34.00（29.00-36.00）	42	12	-0.92	0.53	否

5.2 信度分析

  信度是指测量工具的一致性和稳定性程度的反映。问卷的测量量表的信度是指问卷测量所得结果的内部一致性程度，主要考察问卷获得的数据的可靠性。在进行问卷题项分析之前，必须确保问卷的信度来确保测量的质量，这个过程主要是通过指标 Cronbach's α 一致性系数来考量的。这个系数决定了变量测量的各题项间以多高频率保持得分的相同（Truran，2001），较高的一致性系数才能够保证变量的测量符合信度要求。内部一致性系数最适合同质性检验，即检验每个因素中各个项目是否显示相同和相似的特性。量表中各变量的信度检验结果如表 5-7 所示。

表 5-7 变量信度检验情况统计

变量	分类变量	Cronbach's α 值
企业文化力	精神文化力	0.874
	制度文化力	0.849
	行为文化力	0.816
	创新学习力	0.873
企业文化力	整体 Cronbach's α 值	0.956
员工行为	组织承诺	0.587
	组织公民行为	0.683
	离职倾向	0.942
员工行为	整体 Cronbach's α 值	0.926
组织绩效	组织绩效	0.897
总量表信度 Cronbach's α 值	0.965	

从表 5-7 可以看出，除了"组织承诺"变量信度 0.587 略低外，其他所有的变量量表信度值都在 0.60 以上。Nunnally（1978）及 Nunnally 和 Bernstein（1994）认为，其变量量表信度值 Cronbach's α 在 0.6 以上是可以被接受的。

5.3 假设检验

5.3.1 相关分析

Spearman 秩相关系数是一个非参数性质（与分布无关）的秩统计参数，由 Spearman 在 1904 年提出，用来度量两个变量之间联系的强弱（Lehmann & D'Abrera，1998）。Spearman 秩相关系数可以用于 R 检验。从前文的量表得分分布情况可知，所有量表得分属于非正态分布，因此本书使用 Spearman 秩相关系数分析法分析变量间的相关关系。在统计学中，Spearman 秩相关系数或称为 Spearman 的 ρ，是由 Charles Spearman 命名的，一般用希腊字母 ρ_s（rho）或是 rs 表示。Spearman 秩相关系数是一个非参数的度量两个变量之间的统计相关性的指标，用来评估用单调函数来描述两个变量之间的关系强弱。在没有重复数据的情况下，如果一个变量是另一个变量的严格单调的函数，则两者之间的 Spearman 秩相关系数就是+1 或-1，称变量完全 Spearman 相关。

Spearman 秩相关系数经常被称为非参数相关系数，这具有两层含义：第一，只要 X 和 Y 具有单调的函数关系，那么 X 和 Y 就是完全 Spearman 相关的。第二，样本之间精确的分布可以在不知道 X 和 Y 的联合概率密度函数时获得。不管变量之间的关系是不是线性的，只要变量之间具有严格的单调增加的函数关系，变量之间的 Spearman 秩相关系数就是 1，正的 Spearman 秩相关系数对应于 X、Y 之间单调增加的变化趋势，负的 Spearman 秩相关系数对应于 X、Y 之间单调减小的变化趋势。

5.3.1.1　企业文化力与组织绩效关系检验

由表5-8可知，在企业文化力与组织绩效之间的相关关系分析结果中，企业文化力的相关系数为0.793，精神文化力的相关系数为0.747，制度文化力的相关系数是0.739，行为文化力的相关系数是0.739，创新学习力的相关系数是0.721，且P值都小于0.001。总结以上分析，企业文化力、精神文化力、制度文化力、行为文化力和创新学习力与组织绩效都存在正相关关系。

表5-8　企业文化力与组织绩效之间的相关分析

组织绩效	企业文化力	精神文化力	制度文化力	行为文化力	创新学习力
Spearman 相关系数	0.793	0.747	0.739	0.739	0.721
P	<0.001	<0.001	<0.001	<0.001	<0.001

从表5-9模型1可知，模型经过统计学检验，当企业文化力变化为1的时候，组织绩效随着变化0.261。模型2是考虑人口学差异的模型，由表中数据可知，在考虑人口学特征的时候，当企业文化力上升1分，组织绩效上升0.268分，但具体的P值，性别、年龄、学历、部门、工作年限和职务级别都大于0.05，这说明以上特征对组织绩效没有影响。

表5-9　企业文化力对组织绩效的影响分析

模型1			模型2		
参数	系数 (95%CI)	P	参数	系数 (95%CI)	P
Intercept	4.906 (2.686-7.126)	0.000	Intercept	7.468 (1.907-13.030)	0.008

续表

模型1			模型2			
参数	系数 (95%CI)	P	参数		系数 (95%CI)	P
企业文化力	0.261 (0.240-0.281)	0.000	企业文化力		0.268 (0.246-0.290)	0.000
			性别	女	0.071 (-0.650-0.791)	0.848
				男		
			年龄	30~39岁	0.171 (-0.830-1.173)	0.738
				40~49岁	1.023 (-0.966-3.012)	0.313
				50~59岁	-1.580 (-4.504-1.345)	0.290
				29岁及以下		
			学历	博士研究生	1.649 (-3.425-6.724)	0.524
				硕士研究生	0.717 (-0.925-2.359)	0.392
				本科	-0.022 (-1.352-1.307)	0.974
				大专及以下		

续表

模型1			模型2			
参数	系数 （95%CI）	P	参数		系数 （95%CI）	P
			部门	营销部门	0.818 （−0.370−2.007）	0.177
				财务部门	1.151 （−0.195−2.497）	0.094
				行政部门	0.742 （−0.394−1.878）	0.200
				研究部门	0.446 （−1.816−2.708）	0.699
				总经办	0.315 （−1.656−2.286）	0.754
				其他	0.969 （−2.433−4.372）	0.577
				人力部门		
			工作年限	6~10年	−0.698 （−1.724−0.327）	0.182
				11~15年	0.095 （−1.217−1.408）	0.887
				16年及以上	−0.380 （−2.428−1.668）	0.716
				1~5年		
			职务级别	中层管理者	2.131 （−0.445−4.708）	0.105
				高层管理者	−0.650 （−1.412−0.112）	0.094
				基层管理者		

从表 5-10 模型 1 可知，当精神文化力变化为 1 的时候，组织绩效随着变化 0.863。模型 2 是考虑人口学差异的模型，由表中数据可知，在考虑人口学特征的时候，当企业文化力上升 1 分，组织绩效上升 0.885 分，在学历特征中，博士研究生学历的 P 值为 0.037，小于 0.05，系数为 5.838，说明学历越高，对组织绩效的影响越大。其他特征如性别、年龄、部门、工作年限和职务级别都大于 0.05，说明对组织绩效没有影响。

表 5-10　精神文化力对组织绩效的影响分析

模型 1			模型 2			
参数	系数 （95%CI）	P	参数		系数 （95%CI）	P
Intercept	8.482 （6.243-10.720）	0.000	Intercept		6.644 （3.804-9.484）	0.000
精神文化力	0.863 （0.784-0.943）	0.000	精神文化力		0.885 （0.803-0.966）	0.000
			性别	女	0.017 （-0.762-0.796）	0.966
				男		
			年龄	30~39 岁	-0.125 （-1.207-0.957）	0.821
				40~49 岁	1.202 （-0.948-3.353）	0.273
				50~59 岁	-1.308 （-4.470-1.855）	0.418
				29 岁及以下		

续表

模型1			模型2			
参数	系数 (95%CI)	P	参数		系数 (95%CI)	P
			学历	博士研究生	5.838 (0.361-11.316)	0.037
				硕士研究生	1.516 (-0.259-3.290)	0.094
				本科	0.854 (-0.581-2.289)	0.243
				大专及以下		
			部门	营销部门	0.681 (-0.604-1.967)	0.299
				财务部门	0.740 (-0.717-2.196)	0.319
				行政部门	0.773 (-0.455-2.002)	0.217
				研究部门	-1.252 (-3.697-1.193)	0.316
				总经办	-0.041 (-2.171-2.090)	0.970
				其他	0.838 (-2.842-4.517)	0.655
				人力部门		

续表

模型 1			模型 2			
参数	系数 (95%CI)	P	参数		系数 (95%CI)	P
			工作年限	6~10 年	-0.392 (-1.499-0.715)	0.488
				11~15 年	0.696 (-0.725-2.116)	0.337
				16 年及以上	-0.657 (-2.871-1.556)	0.561
				1~5 年		
			职务级别	中层管理者	2.352 (-0.434-5.138)	0.098
				高层管理者	-0.503 (-1.326-0.321)	0.231
				基层管理者		

从表5-11模型1可知，当制度文化力变化为1的时候，组织绩效随着变化0.845。模型2是考虑人口学差异的模型，由表中数据可知，在考虑人口学特征的时候，当企业文化力上升1分，组织绩效上升0.846分，但具体的 P 值，性别、年龄、学历、部门、工作年限和职务级别都大于0.05，说明对组织绩效没影响。

表5-11   制度文化力对组织绩效的影响分析

模型 1			模型 2			
参数	系数 (95%CI)	P	参数		系数 (95%CI)	P
Intercept	9.162 (6.940-11.383)	0.000	Intercept		8.555 (5.740-11.369)	0.000

续表

模型1			模型2			
参数	系数 (95%CI)	P	参数		系数 (95%CI)	P
制度文化力	0.845 (0.765-0.925)	0.000	制度文化力		0.846 (0.764-0.928)	0.000
			性别	女	0.298 (-0.500-1.097)	0.464
				男		
			年龄	30~39岁	-0.064 (-1.174-1.047)	0.911
				40~49岁	0.759 (-1.448-2.966)	0.500
				50~59岁	-1.715 (-4.960-1.529)	0.300
				29岁及以下		
			学历	博士研究生	2.369 (-3.258-7.996)	0.409
				硕士研究生	0.375 (-1.447-2.198)	0.686
				本科	-0.332 (-1.809-1.146)	0.660
				大专及以下		

续表

模型1			模型2			
参数	系数 (95%CI)	P	参数		系数 (95%CI)	P
			部门	营销部门	0.856 (-0.463-2.174)	0.204
				财务部门	1.352 (-0.141-2.845)	0.076
				行政部门	0.940 (-0.319-2.200)	0.143
				研究部门	1.113 (-1.400-3.626)	0.385
				总经办	0.127 (-2.059-2.314)	0.909
				其他	1.422 (-2.356-5.200)	0.461
				人力部门		
			工作年限	6~10年	-0.393 (-1.529-0.743)	0.498
				11~15年	-0.262 (-1.718-1.195)	0.725
				16年及以上	-0.749 (-3.020-1.522)	0.518
				1~5年		
			职务级别	中层管理者	2.544 (-0.313-5.402)	0.081
				高层管理者	0.016 (-0.819-0.850)	0.970
				基层管理者		

从表5-12模型1可知，当行为文化力变化为1的时候，组织绩效随着变化0.976。模型2是考虑人口学差异的模型，由表中数据可知，在考虑人口学特征的时候，当企业文化力上升1分，组织绩效上升0.998分，在工作部门特征中，财务部门的P值为0.015，小于0.05，具有显著性，说明财务部门对组织绩效有影响。其他特征如性别、年龄、学历、工作年限和职务级别都大于0.05，说明对组织绩效没有影响。

表5-12　行为文化力对组织绩效的影响分析

模型1			模型2			
参数	系数 （95%CI）	P	参数		系数 （95%CI）	P
Intercept	5.001 （2.616-7.385）	0.000	Intercept		4.229 （1.374-7.085）	0.004
行为文化力	0.976 （0.892-1.059）	0.000	行为文化力		0.998 （0.912-1.084）	0.000
			性别	女	0.015 （-0.737-0.767）	0.969
				男		
			年龄	30~39岁	0.309 （-0.737-1.355）	0.563
				40~49岁	1.283 （-0.793-3.358）	0.226
				50~59岁	-1.748 （-4.800-1.305）	0.262
				29岁及以下		

模型1			模型2			
参数	系数 (95%CI)	P	参数		系数 (95%CI)	P
			学历	博士研究生	-1.056 (-6.372-4.260)	0.697
				硕士研究生	-0.009 (-1.726-1.707)	0.991
				本科	-0.595 (-1.987-0.797)	0.402
				大专及以下		
			部门	营销部门	0.996 (-0.245-2.236)	0.116
				财务部门	1.738 (0.333-3.143)	0.015
				行政部门	0.951 (-0.233-2.136)	0.116
				研究部门	1.366 (-0.998-3.731)	0.257
				总经办	0.122 (-1.934-2.179)	0.907
				其他	0.411 (-3.138-3.961)	0.820
				人力部门		

续表

参数	系数 (95%CI)	P	参数		系数 (95%CI)	P
					模型2	
	模型1					
			工作年限	6~10 年	−0.740 (−1.811~0.331)	0.176
				11~15 年	−0.335 (−1.705~1.035)	0.632
				16 年及以上	−1.177 (−3.311~0.956)	0.279
				1~5 年		
			职务级别	中层管理者	2.642 (−0.047~5.330)	0.054
				高层管理者	−0.342 (−1.132~0.447)	0.395
				基层管理者		

从表5-13模型1可知，当创新学习力变化为1的时候，组织绩效随着变化0.963。模型2是考虑人口学差异的模型，由表中数据可知，在考虑人口学特征的时候，当企业文化力上升1分，组织绩效上升0.986分，但具体的 P 值，性别、年龄、学历、部门、工作年限和职务级别都大于0.05，说明对组织绩效没影响。

表 5-13 创新学习力对组织绩效的影响分析

	模型1				模型2	
参数	系数 (95%CI)	P	参数		系数 (95%CI)	P
Intercept	10.999 (8.758~13.240)	0.000	Intercept		9.301 (6.318~12.285)	0.000

续表

模型 1			模型 2			
参数	系数 (95%CI)	P	参数		系数 (95%CI)	P
创新学习力	0.963 (0.864-1.062)	0.000	创新学习力		0.986 (0.880-1.092)	0.000
			性别	女	0.205 (-0.635-1.044)	0.633
				男		
			年龄	30~39 岁	0.264 (-0.905-1.433)	0.658
				40~49 岁	1.231 (-1.088-3.550)	0.298
				50~59 岁	-1.432 (-4.843-1.979)	0.411
				29 岁及以下		
			学历	博士研究生	1.042 (-4.884-6.969)	0.730
				硕士研究生	1.300 (-0.614-3.214)	0.183
				本科	0.546 (-1.003-2.094)	0.490
				大专及以下		

续表

模型1			模型2			
参数	系数 (95%CI)	P	参数		系数 (95%CI)	P
			部门	营销部门	0.785 (−0.601−2.172)	0.267
				财务部门	0.893 (−0.677−2.464)	0.265
				行政部门	0.729 (−0.596−2.054)	0.281
				研究部门	0.072 (−2.565−2.709)	0.957
				总经办	0.582 (−1.719−2.882)	0.620
				其他	0.066 (−3.900−4.032)	0.974
				人力部门		
			工作年限	6~10年	−0.624 (−1.821−0.573)	0.307
				11~15年	0.246 (−1.285−1.777)	0.753
				16年及以上	−0.081 (−2.476−2.313)	0.947
				1~5年		
			职务级别	中层管理者	1.155 (−1.853−4.163)	0.452
				高层管理者	−0.502 (−1.395−0.390)	0.270
				基层管理者		

5.3.1.2　企业文化力与员工行为关系检验

由表 5-14 可知，企业文化力与员工行为之间的相关关系分析结果中，员工行为的相关系数为 0.807，组织承诺的相关系数为 0.590，组织公民行为的相关系数是 0.785，离职倾向的相关系数是 0.725，且 P 值都小于 0.001。总结以上分析，企业文化力与员工行为、组织承诺、组织公民行为都存在正相关关系，因为在计算离职倾向题项的时候是进行反向计算，所以企业文化力越强，离职倾向越弱。

表 5-14　企业文化力与员工行为之间的相关分析

企业文化力	员工行为	组织承诺	组织公民行为	离职倾向
Spearman 相关系数	0.807	0.590	0.785	0.725
P	<0.001	<0.001	<0.001	<0.001

从表 5-15 模型 1 可知，当企业文化力变化为 1 的时候，员工行为随着变化 1.340。模型 2 是考虑人口学差异的模型，由表中数据可知，在考虑人口学特征的时候，当企业文化力上升 1 分，组织绩效上升 1.340 分，在工作部门特征中，财务部门的 P 值为 0.030，小于 0.05，系数为 7.277，说明财务部门对组织绩效有正向影响。其他特征如性别、年龄、学历、工作年限和职务级别都大于 0.05，不具有显著性，说明对员工行为没有影响。

表 5-15　企业文化力对员工行为的影响分析

模型 1			模型 2			
参数	系数 （95%CI）	P	参数		系数 （95%CI）	P
Intercept	91.814 （80.967-102.662）	0.000	Intercept		81.997 （68.706-95.289）	0.000

续表

模型1			模型2			
参数	系数 (95%CI)	P	参数		系数 (95%CI)	P
企业文化力	1.340 (1.238-1.441)	0.000	企业文化力		1.340 (1.234-1.445)	0.000
			性别	女	-1.943 (-5.459-1.573)	0.279
				男		
			年龄	30~39岁	4.701 (-0.188-9.590)	0.059
				40~49岁	2.286 (-7.423-11.995)	0.644
				50~59岁	12.526 (-1.751-26.802)	0.086
				29岁及以下		
			学历	博士研究生	-0.788 (-25.559-23.984)	0.950
				硕士研究生	7.965 (-0.049-15.979)	0.051
				本科	5.645 (-0.846-12.136)	0.088
				大专及以下		

模型 1			模型 2			
参数	系数 （95%CI）	P	参数		系数 （95%CI）	P
			部门	营销部门	4.171 （-1.631~9.973）	0.159
				财务部门	7.277 （0.706~13.847）	0.030
				行政部门	1.783 （-3.761~7.328）	0.528
				研究部门	7.541 （-3.500~18.582）	0.181
				总经办	2.597 （-7.025~12.219）	0.597
				其他	2.944 （-13.666~19.554）	0.728
				人力部门		
			工作年限	6~10 年	-3.571 （-8.578~1.436）	0.162
				11~15 年	-1.331 （-7.738~5.077）	0.684
				16 年及以上	-0.035 （-10.034~9.963）	0.994
				1~5 年		
			职务级别	中层管理者	-0.736 （-13.312~11.840）	0.909
				高层管理者	1.964 （-1.753~5.682）	0.300
				基层管理者		

从表5-16模型1可知，当企业文化力变化为1的时候，组织承诺随着变化0.339。模型2是考虑人口学差异的模型，由表中数据可知，在考虑人口学特征的时候，当企业文化力上升1分，组织承诺上升0.349分，在工作年限特征中，在企业工作6~10年的P值为0.031，小于0.05，系数为-2.267，说明工作年限越长对组织承诺越低。其他特征如性别、年龄、学历、部门和职务级别的P值都大于0.05，说明对组织承诺没有影响。

表5-16　企业文化力对组织承诺的影响分析

模型1			模型2			
参数	系数 (95%CI)	P	参数		系数 (95%CI)	P
Intercept	45.481 (41.070-49.893)	0.000	Intercept		45.094 (39.616-50.573)	0.000
企业文化力	0.339 (0.298-0.380)	0.000	企业文化力		0.349 (0.306-0.393)	0.000
			性别	女	-1.361 (-2.810-0.088)	0.066
				男		
			年龄	30~39岁	1.935 (-0.080-3.950)	0.060
				40~49岁	0.563 (-3.439-4.565)	0.783
				50~59岁	5.107 (-0.778-10.992)	0.089
				29岁及以下		

续表

模型 1			模型 2			
参数	系数 （95%CI）	P	参数		系数 （95%CI）	P
			学历	博士研究生	-1.413 （-11.624-8.797）	0.786
				硕士研究生	1.146 （-2.157-4.449）	0.497
				本科	0.459 （-2.217-3.134）	0.737
				大专及以下		
			部门	营销部门	-0.488 （-2.880-1.903）	0.689
				财务部门	0.632 （-2.076-3.341）	0.647
				行政部门	-0.521 （-2.806-1.764）	0.655
				研究部门	-0.255 （-4.806-4.296）	0.913
				总经办	-0.558 （-4.524-3.407）	0.783
				其他	1.210 （-5.636-8.056）	0.729
				人力部门		
			工作年限	6~10 年	-2.267 （-4.330~0.203）	0.031
				11~15 年	-1.879 （-4.520-0.762）	0.163
				16 年及以上	-1.166 （-5.288-2.955）	0.579
				1~5 年		

续表

模型 1			模型 2			
参数	系数 （95%CI）	P	参数		系数 （95%CI）	P
			职务级别	中层管理者	1.983 （-3.200-7.167）	0.453
				高层管理者	-0.109 （-1.641-1.424）	0.890
				基层管理者		

从表5-17模型1可知，当企业文化力变化为1的时候，组织公民行为随着变化0.640。模型2是考虑人口学差异的模型，由表中数据可知，在考虑人口学特征的时候，当企业文化力上升1分，组织公民行为上升0.632分，在工作部门特征中，营销部门的P值为0.043，财务部门的P值为0.025，教研部门的P值为0.033，都小于0.05，说明企业部门中的这三个部门对组织公民行为都有正向的影响。其他特征如性别、年龄、学历、工作年限和职务级别的P值都大于0.05，说明对组织公民行为没有影响。

表5-17 企业文化力对组织公民行为的影响分析

模型 1			模型 2			
参数	系数 （95%CI）	P	参数		系数 （95%CI）	P
Intercept	46.577 （40.079-53.074）	0.000	Intercept		40.405 （32.430-48.379）	0.000
企业文化力	0.640 （0.580-0.701）	0.000	企业文化力		0.632 （0.569-0.695）	0.000
			性别	女	-0.682 （-2.792-1.428）	0.526
				男		

续表

模型 1			模型 2			
参数	系数 （95%CI）	P	参数		系数 （95%CI）	P
			年龄	30~39 岁	2.604 （-0.329~5.538）	0.082
				40~49 岁	2.323 （-3.503~8.148）	0.435
				50~59 岁	5.860 （-2.706~14.426）	0.180
				29 岁及以下		
			学历	博士研究生	-1.885 （-16.748~12.978）	0.804
				硕士研究生	4.431 （-0.377~9.240）	0.071
				本科	3.451 （-0.444~7.345）	0.082
				大专及以下		
			部门	营销部门	3.592 （0.110~7.073）	0.043
				财务部门	4.512 （0.570~8.454）	0.025
				行政部门	1.998 （-1.328~5.325）	0.239
				研究部门	7.195 （0.571~13.820）	0.033
				总经办	1.782 （-3.991~7.555）	0.545
				其他	0.723 （-9.243~10.689）	0.887
				人力部门		

续表

模型1			模型2			
参数	系数 (95%CI)	P	参数		系数 (95%CI)	P
			工作年限	6~10年	-1.086 (-4.090-1.918)	0.479
				11~15年	-0.897 (-4.741-2.948)	0.648
				16年及以上	-1.123 (-7.122-4.877)	0.714
				1~5年		
			职务级别	中层管理者	-4.120 (-11.666-3.425)	0.284
				高层管理者	1.125 (-1.106-3.355)	0.323
				基层管理者		

从表5-18模型1可知，当企业文化力变化为1的时候，离职倾向随着变化0.360。模型2是考虑人口学差异的模型，由表中数据可知，在考虑人口学特征的时候，当企业文化力上升1分，离职倾向上升0.359分，但具体的P值，性别、年龄、学历、部门、工作年限和职务级别都大于0.05，说明对离职倾向没有影响。

表5-18 企业文化力对离职倾向的影响分析

模型1			模型2			
参数	系数 (95%CI)	P	参数		系数 (95%CI)	P
Intercept	-0.244 (-4.091-3.604)	0.000	Intercept		-3.502 (-8.246-1.242)	0.148

续表

模型1			模型2			
参数	系数 （95%CI）	P	参数		系数 （95%CI）	P
企业文化力	0.360 （0.324-0.396）	0.000	企业文化力		0.359 （0.321-0.396）	0.000
			性别	女	0.100 （-1.155-1.355）	0.876
				男		
			年龄	30~39岁	0.162 （-1.583-1.907）	0.856
				40~49岁	-0.599 （-4.065-2.866）	0.735
				50~59岁	1.558 （-3.538-6.654）	0.549
				29岁及以下		
			学历	博士研究生	2.510 （-6.332-11.352）	0.578
				硕士研究生	2.388 （-0.473-5.248）	0.102
				本科	1.736 （-0.581-4.052）	0.142
				大专及以下		

续表

模型1			模型2			
参数	系数 （95%CI）	P	参数		系数 （95%CI）	P
			部门	营销部门	1.068 （−1.003−3.139）	0.312
				财务部门	2.133 （−0.213−4.478）	0.075
				行政部门	0.306 （−1.673−2.285）	0.762
				研究部门	0.601 （−3.340−4.542）	0.765
				总经办	1.374 （−2.061−4.808）	0.433
				其他	1.011 （−4.917−6.940）	0.738
				人力部门		
			工作年限	6~10 年	−0.218 （−2.005−1.569）	0.811
				11~15 年	1.445 （−0.842−3.732）	0.216
				16 年及以上	2.253 （−1.315−5.822）	0.216
				1~5 年		
			职务级别	中层管理者	1.401 （−3.088−5.890）	0.541
				高层管理者	0.948 （−0.379−2.275）	0.161
				基层管理者		

5.3.1.3　员工行为与组织绩效关系检验

由表5-19可知，员工行为与组织绩效之间的相关关系分析结果中，员工行为的相关系数为0.778，组织承诺的相关系数为0.572，组织公民行为的相关系数是0.763，离职倾向的相关系数是0.694，且P值都小于0.001。总结以上分析，员工行为、组织承诺、组织公民行为与组织绩效都存在正相关关系，离职倾向为反向计分计算，分数越高说明离职意愿越低，所以离职倾向与组织绩效呈负相关关系。

表5-19　员工行为与组织绩效之间的相关分析

组织绩效	员工行为	组织承诺	组织公民行为	离职倾向
Spearman 相关系数	0.778	0.572	0.763	0.694
P	<0.001	<0.001	<0.001	<0.001

从表5-20模型1可知，当员工行为变化为1的时候，组织绩效随着变化0.156。模型2是考虑人口学差异的模型，由表中数据可知，在考虑人口学特征的时候，当员工行为上升1分，组织绩效上升0.160分，在年龄特征中，50~59岁的P值为0.015，小于0.05，具有显著性，说明这个年龄阶段的员工行为对组织绩效有影响。其他特征如性别、学历、部门、工作年限和职务级别的P值都大于0.05，说明对组织绩效没有影响。

表5-20　员工行为对组织绩效的影响分析

模型1			模型2			
参数	系数 (95%CI)	P	参数		系数 (95%CI)	P
Intercept	−3.882 (−6.767~0.996)	0.008	Intercept		−4.207 (−7.329~1.085)	0.008

续表

模型 1			模型 2			
参数	系数 （95%CI）	P	参数		系数 （95%CI）	P
员工行为	0.156 （0.143-0.168）	0.000	员工行为		0.160 （0.147-0.172）	0.000
			性别	女	0.479 （-0.223-1.181）	0.181
				男		
			年龄	30~39 岁	-0.708 （-1.684-0.269）	0.155
				40~49 岁	0.781 （-1.161-2.722）	0.431
				50~59 岁	-3.535 （-6.395~0.676）	0.015
				29 岁及以下		
			学历	博士研究生	2.540 （-2.408-7.489）	0.314
				硕士研究生	-0.431 （-2.039-1.176）	0.599
				本科	-0.711 （-2.013-0.591）	0.285
				大专及以下		

模型 1			模型 2			
参数	系数 （95%CI）	P	参数		系数 （95%CI）	P
			部门	营销部门	0.164 （-0.997-1.325）	0.782
				财务部门	0.023 （-1.294-1.340）	0.973
				行政部门	0.615 （-0.494-1.724）	0.277
				研究部门	-0.957 （-3.163-1.249）	0.395
				总经办	-0.285 （-2.207-1.638）	0.772
				其他	0.130 （-3.188-3.449）	0.939
				人力部门		
			工作年限	6~10 年	0.123 （-0.874-1.119）	0.810
				11~15 年	0.300 （-0.981-1.581）	0.646
				16 年及以上	-0.796 （-2.793-1.200）	0.434
				1~5 年		
			职务级别	中层管理者	2.336 （-0.178-4.850）	0.069
				高层管理者	-0.485 （-1.225-0.254）	0.198
				基层管理者		

从表5-21模型1可知，当组织承诺变化为1的时候，组织绩效随着变化0.355。模型2是考虑人口学差异的模型，由表中数据可知，在考虑人口学特征的时候，当组织承诺上升1分，组织绩效上升0.348分，人口学特征如性别、年龄、学历、部门、工作年限和职务级别的P值都大于0.05，说明对组织绩效没有影响。

表5-21　组织承诺对组织绩效的影响分析

模型1			模型2			
参数	系数 （95%CI）	P	参数		系数 （95%CI）	P
Intercept	3.590 （-0.605-7.784）	0.093	Intercept		2.018 （-2.615-6.651）	0.393
组织承诺	0.355 （0.303-0.406）	0.000	组织承诺		0.348 （0.297-0.399）	0.000
			性别	女	0.810 （-0.138-1.757）	0.094
				男		
			年龄	30~39岁	-0.851 （-2.169-0.466）	0.205
				40~49岁	1.158 （-1.460-3.776）	0.386
				50~59岁	-3.241 （-7.100-0.617）	0.100
				29岁及以下		
			学历	博士研究生	4.211 （-2.458-10.880）	0.216
				硕士研究生	0.651 （-1.511-2.813）	0.555
				本科	0.393 （-1.356-2.142）	0.660
				大专及以下		

模型 1			模型 2			
参数	系数 (95%CI)	P	参数		系数 (95%CI)	P
			部门	营销部门	1.019 (−0.545−2.584)	0.202
				财务部门	1.021 (−0.751−2.793)	0.259
				行政部门	1.351 (−0.142−2.843)	0.076
				研究部门	−0.004 (−2.980−2.972)	0.998
				总经办	0.009 (−2.585−2.603)	0.995
				其他	−0.450 (−4.924−4.025)	0.844
				人力部门		
			工作年限	6~10 年	0.770 (−0.574−2.114)	0.262
				11~15 年	0.730 (−1.000−2.460)	0.408
				16 年及以上	−1.115 (−3.809−1.579)	0.417
				1~5 年		
			职务级别	中层管理者	1.677 (−1.716−5.069)	0.333
				高层管理者	0.681 (−0.301−1.663)	0.174
				基层管理者		

从表 5-22 模型 1 可知，当组织公民行为变化为 1 的时候，组织绩效随着变化 0.282。模型 2 是考虑人口学差异的模型，由表中数据可知，在考虑人口学特征的时候，当组织公民行为上升 1 分，组织绩效上升 0.290 分，在年龄特征中，50~59 岁的 P 值为 0.040，在职务级别中，中层管理者的 P 值为 0.012，都小于 0.05，说明 50~59 岁这个年龄阶段的组织公民行为和企业的中层管理者对组织绩效有正向的影响。其他特征如性别、学历、部门和工作年限的 P 值都大于 0.05，说明对组织绩效没有影响。

表 5-22   组织公民行为对组织绩效的影响分析

模型 1			模型 2			
参数	系数 （95%CI）	P	参数		系数 （95%CI）	P
Intercept	0.201 （-2.684-3.086）	0.891	Intercept		0.078 （-3.077-3.233）	0.961
组织公民 行为	0.282 （0.257-0.307）	0.000	组织公民 行为		0.290 （0.265-0.315）	0.000
			性别	女	0.422 （-0.332-1.175）	0.273
				男		
			年龄	30~39 岁	-0.786 （-1.834-0.262）	0.142
				40~49 岁	0.540 （-1.544-2.625）	0.611
				50~59 岁	-3.212 （-6.279~0.145）	0.040
				29 岁及以下		

续表

模型 1			模型 2			
参数	系数 （95%CI）	P	参数		系数 （95%CI）	P
			学历	博士研究生	3.392 （−1.916~8.700）	0.210
				硕士研究生	−0.376 （−2.101~1.349）	0.669
				本科	−0.691 （−2.089~0.706）	0.332
				大专及以下		
			部门	营销部门	−0.206 （−1.455~1.042）	0.746
				财务部门	−0.106 （−1.521~1.309）	0.883
				行政部门	0.409 （−0.783~1.600）	0.501
				研究部门	−1.953 （−4.324~0.417）	0.106
				总经办	−0.491 （−2.554~1.572）	0.641
				其他	0.183 （−3.378~3.744）	0.920
				人力部门		

续表

模型1			模型2			
参数	系数 (95%CI)	P	参数		系数 (95%CI)	P
			工作年限	6~10 年	0.009 (-1.061-1.079)	0.987
				11~15 年	0.344 (-1.031-1.719)	0.624
				16 年及以上	-0.714 (-2.857-1.429)	0.514
				1~5 年		
			职务级别	中层管理者	3.464 (0.765-6.163)	0.012
				高层管理者	-0.229 (-1.020-0.561)	0.570
				基层管理者		

从表 5-23 模型 1 可知，当离职倾向变化为 1 的时候，组织绩效随着变化 0.456。模型 2 是考虑人口学差异的模型，由表中数据可知，在考虑人口学特征的时候，当离职倾向上升 1 分，组织绩效下降 0.458 分，人口学特征如性别、年龄、学历、部门、工作年限和职务级别的 P 值都大于 0.05，说明对组织绩效没有影响。

表 5-23　离职倾向对组织绩效的影响分析

模型1			模型2			
参数	系数 (95%CI)	P	参数		系数 (95%CI)	P
Intercept	15.163 (13.349-16.976)	0.000	Intercept		15.253 (12.738-17.767)	0.000

续表

模型 1			模型 2			
参数	系数 (95%CI)	P	参数		系数 (95%CI)	P
离职倾向	0.456 (0.409-0.503)	0.000	离职倾向		0.458 (0.410-0.506)	0.000
			性别	女	0.213 (-0.616-1.042)	0.615
				男		
			年龄	30~39 岁	-0.150 (-1.302-1.002)	0.799
				40~49 岁	1.532 (-0.757-3.822)	0.190
				50~59 岁	-2.210 (-5.579-1.159)	0.199
				29 岁及以下		
			学历	博士研究生	1.968 (-3.877-7.812)	0.509
				硕士研究生	-0.140 (-2.036-1.756)	0.885
				本科	-0.409 (-1.945-1.126)	0.601
				大专及以下		

续表

模型 1			模型 2			
参数	系数 （95%CI）	P	参数		系数 （95%CI）	P
			部门	营销部门	0.351 （-1.019-1.721）	0.616
				财务部门	0.238 （-1.316-1.792）	0.764
				行政部门	0.905 （-0.403-2.212）	0.175
				研究部门	-0.211 （-2.815-2.392）	0.874
				总经办	-0.669 （-2.937-1.599）	0.563
				其他	-0.201 （-4.117-3.714）	0.920
				人力部门		
			工作年限	6~10 年	-0.117 （-1.294-1.060）	0.846
				11~15 年	-0.581 （-2.094-0.932）	0.452
				16 年及以上	-2.222 （-4.573-0.129）	0.064
				1~5 年		
			职务级别	中层管理者	1.657 （-1.310-4.625）	0.274
				高层管理者	-0.167 （-1.039-0.705）	0.707
				基层管理者		

5.3.2 中介作用检验

中介作用成立的三个条件为：自变量与中介变量分别与因变量具有显著关系；自变量与中介变量之间具有显著关系；在置入中介变量以后，自变量与因变量之间的关系较置入之前弱（Baron & Kenny，1986；吴明隆，2009）。在前面我们的研究中，已经检验出企业文化力对员工行为和组织绩效有显著影响，员工行为对组织绩效也有显著影响，在此再比较置入员工行为后企业文化力对组织绩效影响关系的变化，进而判断员工行为是否具有中介作用。AMOS20.0验证结果表明，企业文化力和员工行为都对组织绩效有显著的影响，企业文化力对员工行为也有显著的影响，故这些实证结果都符合中介效应成立的条件。以下将从中介效应的拟合指数、间接效应和中介效应的结构方程模型角度分析中介效应影响机制和结果。

由表5-24可知，在中介效应模型的各项拟合指数中，$\chi^2/df = 5.36$，P值小于0.001，CFI = 0.973，TFI = 0.95，RMSEA = 0.107，SRMR = 0.024，其中χ^2/df大于3，RMSEA大于0.05，其他拟合指数的实际值均达到标准，表明样本数据对模型的拟合程度可以接受。

表5-24　中介效应模型的拟合指数

χ^2	df	P	CFI	TFI	RMSEA	SRMR
96.475	18	<0.001	0.973	0.95	0.107	0.024

为了验证员工行为的中介作用，采用路径分析法，将组织绩效作为因变量，先置入企业文化力，再置入员工行为，发现企业文化力与组织绩效之间的关系（β = 0.243）较置入之前（β = 0.879）大为减弱，表明员工行为在企业文化力与组织绩效的关系中起到中介作用，且中介效果比较明显（β = 0.634，P = 0.001）。企业文化力、员工行为和组织绩效之间的直接关系和间接关系如表5-25和图5-1所示。

表 5-25　间接效应分析（标准化解）

间接效应	估计值	标准误	估计值/标准误	P
企业文化力—员工行为—组织绩效	0.558	0.171	3.263	0.001

由表 5-25 可知，P 值 = 0.001，小于 0.005，具有统计学意义，说明具有中介效应。

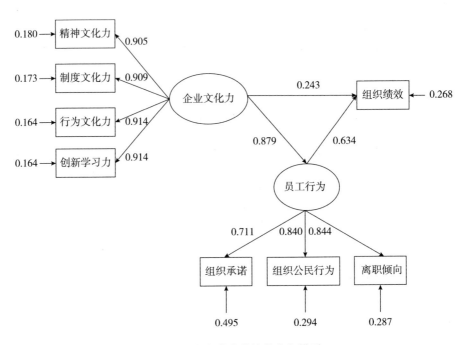

图 5-1　中介效应的结构方程模型

6

企业文化力

研究结论与展望

6.1   主要结论

6.1.1   研究结果的综述

我们把企业文化力作为员工行为和组织绩效研究的前因变量，具有重要的理论和现实意义。从理论上说，企业文化力成为企业经营管理中难以界定却又发挥着最持久作用的要素，是企业核心竞争力的重要组成部分。从实践上说，企业文化力要在企业的运营与管理实践中发挥作用、产生影响，其发展离不开企业的经营活动，它既来源于实践同时又指导实践，企业文化力的实践就是最大价值的体现。所以说，研究企业文化力对组织绩效的影响具有重要的理论价值和实践意义。

第一条实证路径是关于企业文化力和组织绩效的关系，我们提出了一个总假设和4个子假设，即企业文化力对组织绩效有正向影响，精神文化力、制度文化力、行为文化力和创新学习力正向影响组织绩效。第二条实证路径是企业文化力正向影响员工行为，我们提出了一个总的假设和3个子假设，即企业文化力对员工行为有正向的影响，企业文化力正向影响组织承诺，企业文化力正向影响组织公民行为，企业文化力负向影响离职倾向。第三条实证路径是员工行为对组织绩效的影响研究，我们提出了一个总假设和3个子假设，即员工行为对组织绩效有正向影响，组织承诺正向影响组织绩效，组织公民行为正向影响组织绩效，离职倾向对组织绩效有负向影响。第四条路径是企业文化力通过员工行为的中介作用影响组织绩效。

第一条路径假设：企业文化力对组织绩效有正向影响，得到的验证结果为：

假设1：企业文化力正向影响组织绩效。

假设1a：精神文化力正向影响组织绩效。

假设 1b：制度文化力正向影响组织绩效。

假设 1c：行为文化力正向影响组织绩效。

假设 1d：创新学习力正向影响组织绩效。

第二条路径假设：企业文化力对员工行为有正向影响，得到的验证结果为：

假设 2：企业文化力正向影响员工行为。

假设 2a：企业文化力正向影响组织承诺。

假设 2b：企业文化力正向影响组织公民行为。

假设 2c：企业文化力负向影响离职倾向。

第三条路径假设：员工行为对组织绩效有正向影响，得到的验证结果为：

假设 3：员工行为正向影响组织绩效。

假设 3a：组织承诺正向影响组织绩效。

假设 3b：组织公民行为正向影响组织绩效。

假设 3c：离职倾向负向影响组织绩效。

第四条路径假设：员工行为对企业文化力与组织绩效的关系影响具有中介作用，得到的验证结果为：

假设 4：员工行为对企业文化力与组织绩效的关系影响具有中介作用。

通过实证研究和理论分析，我们提出的企业文化力、员工行为与组织绩效之间关系的研究模型得到验证，提出的假设得到了检验，总结得出如下研究结论：第一，企业文化力由精神文化力、制度文化力、行为文化力和创新学习力四个方面构成。实证检验结果显示，企业文化力的四个组成部分都对组织绩效有正向显著影响，这些都表明有效的企业文化力有助于组织绩效的提升。第二，企业文化力对组织绩效具有正向影响。验证结果显示，企业文化力对员工行为中的组织承诺和组织公民行为都有正向的影响，与离职倾向呈负相关关系。这说明企业文化力会影响员工行为，有效的企业文化力会得到企业员工的认同。第三，员工行为对组织绩效有正向的影响。验证结果显示，组织承诺对组织绩效有正向影响，组织公民行为对组织绩效有正向影响，离职倾向对组织绩效有负向影响。这说明良好的组织承诺和组织公民行为有利于组织绩效的提升，离职倾向起了相反的作用，也就是说离职倾向越高，组织绩效越低。第四，员工行为在企业文化力与组织绩效的关系中起到明显的中介作用。检验结果表明，企业文化力影响员工行为，从而员工行为影响组织绩效。

6.1.2　研究结果的讨论

6.1.2.1　企业文化力对组织绩效的正向影响讨论

（1）精神文化力对组织绩效的正向影响讨论。在公司中，公司的盈利高低、产能大小、质量好坏、实力状况通常都建立在公司文化软实力的背景上。公司文化软实力能够在无形之中使公司员工的价值观转化，能够使公司员工形成一种企业精神认同感及自豪感，并使公司员工之间、员工和公司领导之间的雇佣合作关系、公司员工的自身行为、日常作风、工作态度逐步和公司的精神及价值观相匹配，进而构建团结的集体。在公司文化软实力源远流长的基础上，公司整体凝聚力会得以提升。公司员工可充分利用自己的优势和能力，一起推进公司的精神文化传承和价值目标的完善。公司文化软实力在建设进程中所产生的影响并非最直接高效的，而是永恒的。公司文化软实力能增进员工对公司的认同感及自豪感；同时也为公司的各项服务做更加优质的推广及运营；还能够让其管理模式获取公众的认可；能够使公司的服务获取消费者的信赖；能够让公司得到国家的认可。王丽红（2013）认为，公司文化软实力能够提升其社会满意度，使公司具备一定的公众认可度，能够提高公司的运营绩效。完善的公司发展机制能够为企业创建一种良好的建设环境，使公司提升运营效率，让公司内部交流机制更加密切，并使公司可以制定出高效的运营方针，这些都有助于增强公司的综合实力。

（2）制度文化力对组织绩效的正向影响讨论。制度软实力对公司的建设与运营起到了十分关键的影响。王文臣（1998）认为，制度上的保障是提高公司能力与实力的重要模式，是公司日常运营中得以快速展开的重要因素，是达到公司规划绩效的组织基础，是平衡公司内部各单位、各部门、各员工关系或人际关系的基础要素，是公司高层管理人员、各工作岗位人员进行生产、服务、售后活动的重要标准，对企业综合运营效率的提升具有重要的积极影响，进而推进组织绩效的提升。李军祚（2009）基于公司软实力建立了一种制度规范来对员工的日常工作作风和行动进行约束，并通过在企业运营中制定的强制性的规章与制度条例，提出员工的权限与职务范围，来规范员工的工作与日常行为，确保员工的行为作风能够提高工作效率，从而进一步促进公司生产管理等工作的高效开展，达到公司实力提升的目标。公司制度文化力对职员能够起到制度约束的管理效力，这种自身管控机制是运用制度规章这一载体来达到的，通常实际是指推广与发扬公司所倡导的整体文化建设，运用此类内在的文化约束机制，能够使企业职工遵守公司所规定的精神文化内涵，并遵从公司精神与公司价值观，让企业的运营以及职工的操作紧密联系起来，最后使个人的理想和企业的理想共同实现，进而形成对公司员工的一种内在约束机制。

（3）行为文化力对组织绩效的正向影响讨论。王轶（2011）指出，公司行为精神软实力是公司文化软实力的主要构建元素，影响着公司职工对其文化诉求的发展趋势，集中体现了公司的管理理念、运营绩效、职工综合素质等要素状况，决定着公司经营的实际成果。形成行为文化力机制，对促进公司员工的素质养成、推动公司各级管理的综合操作进程有着积极的作用。王轶（2011）认为，若企业职工的行为作风与公司文化理念一致，我们便会得知企业员工行为素养其实就是公司内在运行机制的重要驱动力量。

（4）创新学习力对组织绩效的正向影响讨论。谢佩洪（2005）指出，组织创新学习力是支撑企业持久竞争优势的本源，是提高企业核心能力的重要途径，而这样的核心能力包含企业文化特征，企业要想取得长期的成功，必须不断培育其组织创新力和学习力，才能使企业具有持久的竞争优势。竞争优势是竞争性市场中企业绩效的核心。我们的研究价值在于通过开发企业文化力量表构建了精神文化力、制度文化力、行为文化力和创新学习力四维度，并对它们与组织绩效的关系进行了假设，通过大样本的数据收集，最后实证检验了这些假设是成立的。

6.1.2.2 企业文化力对员工行为的正向影响讨论

（1）企业文化力对组织承诺的正向影响讨论。文化力的内化作用使组织倡导的企业文化成为员工的信仰或者价值观，它会作为思维程序在人们的思想中固定下来，在这样的价值观的引导下，员工通过行为表现出来，收到正向的积极效果，那么对组织的依赖和认同也会增强。

（2）企业文化力对组织公民行为的正向影响讨论。研究结果发现，企业文化力的变化能清晰地反映出组织公民行为的变化，当发现组织公民行为减少的时候，企业完全可以通过对文化力进行优化的策略来保障员工可以继续表现出组织所需的希望。也就是说，用企业文化力来鼓励和培养员工表现出组织所期望的行为，可以培养出高绩效的优秀工作者。

（3）企业文化力对离职倾向的负向影响讨论。企业文化力对员工的离职倾向是一种量变的积累，当这种积累达到一定的程度就会发生质的变化，会对企业的离职率产生较大的影响，对企业的人力资源规划及企业的发展产生不利的影响。

本结论不但验证了企业文化力对员工行为的正向影响，同时也分析了企业文化力对员工行为产生影响的三个因素，即组织承诺、组织公民行为和离职倾向。这有助于企业在打造企业文化力的过程中，结合自身情况，通过加强团队建设、领导作用、战略愿望等措施，改善企业内部的文化氛围，促进员工之间的沟通和交流，提升个人和组织绩效。

6.1.2.3 员工行为对组织绩效的正向影响讨论

（1）组织承诺对组织绩效的正向影响讨论。组织承诺对组织绩效有显著的影响，是组织绩效良好的预测指标。研究结果启示企业管理实践人员，要注重对员工的组织承诺管理，通过注重组织承诺管理可知是否达到预期目的。

（2）组织公民行为对组织绩效的正向影响讨论。组织公民行为是一种雇员在没有被认可和奖励的情况下表现出来的有利于组织、能够几乎零成本有效改善组织绩效的行为。通过研究不难发现，企业文化力对员工所表现出来的组织公民行为影响非常显著。组织公民行为对企业绩效可持续成长具有重要意义。

（3）离职倾向对组织绩效的负向影响讨论。离职倾向是员工离职行为的最佳预测变量，一般情况下是员工在经历不满之后产生的下一个退缩行为。本书通过实证研究证明，离职倾向对组织绩效有负向的影响作用。也就是说，当员工个体处于一种积极的情绪与动机状态的时候，他会更加努力工作从而为企业获得更高的绩效；而当员工个体处于一种消极的情绪与动机状态的时候，他在工作中就会缺乏努力从而降低效率，影响到组织绩效。因此，建议企业管理者在管理过程中应注意采取激励措施，增加员工培训等，鼓励员工加大工作投入，来为企业赢得更好的绩效。

6.1.2.4　员工行为中介效应讨论

从本书中可以看出，企业文化力是通过员工行为的中介作用影响组织绩效的，这是因为企业文化力的作用本来就是一种心理契约，这种契约要转化成为具体的员工行为，就会有一个利益交换的过程。员工会考虑企业文化力给自己带来的物质上或者情感上的收益，才会进一步实施自己的行为，进而体现在工作绩效上，所以说员工行为是一个起到中介效应的因素。

6.2　管理启发与建议

通过实证研究分析我们发现，本书研究的几个问题都已豁然开朗了。一是企业文化力对组织绩效有正向的影响；二是企业文化力对员工行为有正向的影响；三是员工行为对组织绩效有正向的影响；四是员工行为在企业文化力对组织绩效的影响中起到中介作用。因此，我们从打造有效的企业文化力出发，通过企业文化力的核心功能与员工达成共识形成员工行为，再通过员工行为影响企业的效率和效益这样的机制去实践和管理企业。

6.2.1 打造有效企业文化力

通常我们在回顾前期成效的时候才可能会正视企业文化力所产生的效果，企业往往也会将其当成失败的理由。事实上，如果对这一概念产生这样的认知显然是不合适的，人们应当充分意识到企业文化力的重要作用，并通过它来不断提升企业自身的竞争优势。

首先，要做好团队建设。这里的"团队"重点强调的是企业文化的管理团队。它的主要作用是针对企业文化做好改革方案的选择、实施、落实和监管，同时做好资金调配及资源管理工作。变革任务的执行本身涉及的内容较多，这也是对个人精力和责任意识的双重考验，因此做好团队领导的选择至关重要。这一角色通常会在高管队伍中进行挑选，同时这一角色的知识储备、人脉关系及管理水平都应当较为突出。要拥有旺盛的精力，承压能力要强，对企业的认可度、追随度都需要达标。作为领导者要具备战略性眼光和前瞻性意识，同时还必须能够将这些内容具体化，要有高效的执行力及责任担当意识。除此之外，领导者对于文化必须具备敏感性，要善于捕捉各类不易觉察的信息。企业中层或者高级别管理人员包括各行各业专家都可以成为团队的成员。这里需要强调的是，在对团员进行挑选时要注意部门差异，尽可能丰富团队成员的来源，使他们能够通过不同的角度来激发各自的思维和认识，以此来确保相互之间的信息具有多样性，可以从不同的角度来对问题进行分析，促进团队创新能力的不断提升。文化管理团队自身的工作效能同变革效果息息相关，所以对队员做出精心筛选就显得较为关键。

其次，要注意把握员工心态变化。由于传统的制度、理念已经存在了较长的时间，所以当企业文化体系出现新的变化时，人们要适应这种新变化显然不是一蹴而就的事情，可能会经历一些曲折，同时因为各种内容的引入和改变，部分员工短期内会存在难以适应的状况，可能会在这个过程中产生工作失误或者其他方面的问题，这时企业内部就会出现不和谐，新的文化体系对员工的稳定工作或者生活方式造成了冲击，因此员工自身的心理会发生一定的变化，尤其是对于新形势和未来发展的判断不够准确，令人焦虑不安。员工需要清楚了解自己的位置，同时建立安全感，只有这样才能踏实工作，但从现实操作来看，企业管理者始终对这一问题没有引起应有的重视，在员工沟通方面也是障碍重重，所以要时刻注意员工心态上的变化。企业一旦将文化变革相关的信息透露给员工，就会对员工的自身期望带来影响并有了迎接改变的心理准备。可是真正的变革如果没有适时落地，员工的热情很快就会消退。显然这对于工作的推进会产生较大的负面影响。由此可见，有效而顺畅的沟通是极为关键的。无论是有关改革的相关措施还是公告都应当选择合适的时机尽快颁布，确保所有员工都能够明确知晓。显然这就对管理团队的沟通能力提出了更高的要求。某些企业遭遇过这样的情况，就是在现实工作中某些消息已经采用各种方式下发，可员工似乎并未有明显的接收反应。这说明焦虑的环境状况对于人的信息接收会造成明显影响。因此，管理团队要注意联合相关部门做好信息传导和员工心理疏导等工作。

最后，企业领导应当做到身体力行。对一个企业来说，企业文化就如同一杆大旗，它是企业的标志。从某种意义上说，企业领导同企业文化的属性是共通的。企业领导就是企业的核心，是企业的灵魂和舵手。如果领导对于企业文化改革不闻不问，甚至只单纯作为固定工作按部就班地下发和执行，是不会达到良好效果的。企业领导必须要做好"领头羊"，从自我做起，为员工树立榜样。要先打开自己的思想格局，尤其是管理层要做好沟通工作，行动一致。另外，对于相关咨询和执行人士，注意给予充分协助，要以负责人的职责来推进和变革工作。美国商界对日本企业的竞争力及优势进行了细致分析之后才正式提出了企业文化理论，后人也将其作为日本企业管理的法宝，这说明企业想要在市场竞争中重新树立自身的形象和优势，利用上述方式是能够达到目标的。

6.2.2　企业文化力有效落地

企业文化并不是放在嘴里和挂在墙上的东西，它是企业员工的工作和行为准则。文化理念要想真正发挥自身作用必须要做好落实工作。心中有准则，手上有动作，说的就是文化的落实。怎样才能让企业员工拥有良好的行为规范？其核心就在于对理念的共同维护，需要形成共识并确保行动一致，要达到这一目标必须注意以下几方面内容：

（1）共同的事物。比如，员工的工作服、工作环境及处在这一环境中所能看到并接触到的各种标识等都应当具有一致性。共同事物可在无形之中加强员工的凝聚力，在潜意识中让大家保持统一步调。共同的事物对于员工认知和思维的强化其实犹如春雨润物，有一个较长时间的接受过程，但其效果显然是十分突出的，十分有助于员工融入企业，同时顺利地推动员工工作。

（2）共同的语言。同共同的事物比起来，语言的作用和效果更为显著。有一句名言是这样说的，"舌头能够为我们创造最远和最近的距离"。语言的作用是十分突出的，假如能够做到这一点，就可以很容易地拉近员工的距离，让员工更具凝聚力。作为优秀的企业文化，它对于员工的引导作用是十分突出的，也包括了下列话题：首先，要明确挖掘客户需求，把客户摆在最高的位置；其次，不利用职务和工作级别的差距与员工对话；再次，彼此要将对方看作合作伙伴；最后，对于客户的要求，要充分施展个人能力来尽可能地达到目标。简单来说，其实最终指的就是三方面内容：顾客、协作与解决问题。假如员工常常以上述内容为工作话题，不仅能够让他们习惯于从客户角度出发来思考问题，而且能够加强团队协作，同时能够顺应企业文化的要求，更会在日常工作中发挥能动性，勇于担责，不断提升自身化解难题的能力。

（3）共同的举动。利用这种方式达到强大效果的就是军队。军队中的每一个人，每一个举动，包括行为、服装、举止等，都有一套标准化的规范，必须要严格按照要求执行，这使军队不管在组织上还是在共识上都具有强大的统一性。对企业文化来讲，类似的方式其实同样重要，具体来说涉及以下几方面：企业会议的组织；细节把控；员工交流与沟通；遇到问题时要注意团队协作及共同探讨应对之道；企业产品和工作品质及规范；劳动者和企业的关系。对于企业来说，这些都是极为常见的内容。如果能够确保上述内容的标准化，团队的战斗力一定会增强。注意加强上述内容的调整，共识训练是极为有效的方法。在这方面，显然军队是一个十分突出的榜样。

（4）共同的感受。关于这一点，我们可以用海底捞的案例来进行分析和说明。海底捞对于员工的人性关怀是十分突出的，对于员工的日常生活等都极为关注并采取了多种措施，员工也对此给予了非常高的评价，对于企业的归属感也极强。在这样的环境中，他们感受到企业对每一位员工的珍视，因此对于自己同公司的关系，他们并不认为自己是打工者，反而认为企业就像自己的家。这种感受对于企业的积极作用是不言而喻的。假如一家公司的员工认为自己的企业很好，自己十分喜欢企业，认为企业对员工充满关怀，自己也要为企业贡献力量等，这就是企业带给员工的共同感受。海底捞会为员工收拾寝室卫生，对员工充满尊重，而员工也会将此热情投入到工作中，使客户拥有同样的感受。要想促使员工达成共识，上述内容是十分重要的。在现实操作中，企业应当积极创造充满共同感的工作氛围，尽可能地创造更多的共同事务，同时注意做好制度建设，创造共同的语言环境等，另外要能够积极利用一些细节促使员工共同感受的形成，做好这些工作，企业文化的效果必然会凸显。

企业文化其实是落在实处的东西，它同企业的日常工作有着千丝万缕的联系。以上提到的相关内容和建议对日常工作的推进和落实并不存在大的困难。如果企业管理层认真做好上述工作，相信企业共识的达成一定会顺利实现。

6.2.3 竞争力提升组织绩效

如果我们从发展战略的视角入手来看待企业的竞争力问题，下列因素需要被着重考虑：企业的资源是否具有价值、是否比较稀有、是否无法模仿、是否具备不可替代性。其实此四大要素指代的是企业文化问题，优秀的企业文化对于企业提升竞争实力可以产生极为重要的影响。

（1）具有价值。应该要特别指出的是，评估企业文化是否具备价值主要是看其是否在很大程度上推进了企业的发展进程。自改革开放政策实施以来，学术界开始在研究企业文化方面倾注大量心血。让学者们感到诧异的是，哪怕两个员工在工作当中没有直接的交集，某员工的行为也会对其他人产生影响。我们知道，员工的行为可以对企业的生存及发展产生决定性影响。

企业文化能够较好地规范员工的行为。身为组织当中的一员有义务按照组织所规定的规范来开展工作和活动，虽说我们每个人的生活环境有着很大差异，行为表现也因人而异，但是进入到企业当中会不自觉地调整自身的行为，以更好地适应组织的要求。毫无疑问的是，企业文化越科学，员工的行为就越合理。员工们不断地调整和约束自己的行为，久而久之就演变成了自身的一种习惯，也就是说，工作环境可以改变一个人。良好习惯的养成自然不是一件简单的事情，企业管理者只有在文化建设方面下功夫，努力地为员工创造良好的工作及竞争环境，员工才会受到潜移默化的影响，逐渐成长为企业所需要的人才。当然，任何事物都是有两面性的，良好的文化对于企业的发展可以起到意想不到的积极作用，同理，不健康的文化会将企业推向深渊，而员工也得不到正面的锻炼。

客观而论，企业文化能够规范和约束员工的行为，而员工的表现对于企业的盈利能力会产生重要影响，具体来说，其对内可以影响生产效率，对外可以影响企业的形象。我们知道，生产效率及生产能力关乎企业的生存，然而企业形象对于企业开拓市场是能够产生至关重要的作用的。在现在这个社会，企业文化建设已经成为关乎企业生死存亡的大事。无数的事实已经证明，企业只有提升自身的软实力，才能够开拓疆土，傲视群雄。

（2）稀有性。企业文化是根植于企业内部的，是伴随着企业的发展而逐渐建设起来的，可以说是企业发展史的体现。其不但会受到国家政策、地域发展、经济水平等的影响，还和企业的生存环境及管理层的执行能力等有关。那些综合素质比较高的管理者总是可以做到高瞻远瞩，建设优秀的企业文化，提升企业的综合竞争力。对于那些大型企业来说，企业文化建设倾注了管理者及普通员工的辛勤汗水，是激发企业前行的根本原因。

企业是不断变化的，因此各个发展阶段的文化是不同的。对于那些处于初创期的企业来说，其格外关注创新问题；而对于发展较为成熟的企业来说，关注的是规范制度的建设问题。发展阶段不同，企业的追求就不同，因此我们应该依据现实需要来建设文化，如此才可以将文化的价值和功能发挥出来。

（3）难以模仿。企业文化是企业独特的精神财富，其所倡导的理念及价值追求是与众不同的，其他企业不能照搬照用，因为每个企业的实际情况存在很大差异。可以肯定的是，企业文化具备无法模仿的特征，如果其他企业不知变通，一味照搬，只会将自身的发展引入歧途。

（4）不可替代。众所周知，企业文化就是企业在开展经济活动中所形成的被各个成员所接受及认可的具备鲜明特征的价值理念、思想意识、行为规范、操作模式的总和。其不是一个有形的物品，但是可以影响每一位成员。无形产品本身就具备不可替代特征。员工不会盲目操作，而是依照企业的制度有条不紊地开展活动。企业文化的存在促使员工将自己的目标和企业的发展目标融合在一起，将企业的成长和自身的成长等同起来。毫无疑问的是，文化的这种作用也是其他管理手段无法比拟的。不管从哪个角度来看，企业文化的建设都是企业核心竞争力的来源。

6.3　研究不足与展望

6.3.1　研究的局限性

虽然本书的实证研究证实了一些研究假设，但由于客观原因的限制，本书也存在局限性，还有几个问题没有进行深入研究，需要在以后的研究中进行改进或扩展。

第一，我们的研究虽然达到了预期研究目的，并且得到的结论具有重要的理论和实践指导意义，但是有关企业文化力的研究及其与组织绩效的作用机制的研究依旧是一个复杂的问题，影响因素多，关系复杂，本书的研究模型中涉及的因素是非常有限的。在企业文化力量表开发收集数据的时候，我们涉及的行业和产业比较复杂，具有一定的普适性。而在后面的实证研究中，只选择了部分行业作为研究对象，因此量表缺乏针对性，对研究结果有一定的影响。

第二，本书在样本选择和样本数量上有待进一步的扩大。因为时间、人力、社会资源等条件的限制，本书的样本主要集中在北京、河南、陕西、广东几个省份的知名企业，虽然所选择的企业都是在企业文化方面做得比较好的，但是地理分布范围仍有所局限。另外，参与问卷调查的员工有些可能会因为时间问题作答的时候比较随意，这可能影响样本的真实性。以上因素在一定程度上会影响本书结论的可推广性。在资源允许的条件下，应该在以后的研究中扩大样本的地域和行业范围，对企业文化力的情况进行了解，对企业样本的选择设定更加标准的条件，以增强研究结论的代表性、说服力和适用性。

6.3.2 未来研究展望

本书主要探讨了企业文化力测量量表开发与对组织绩效影响的路径关系。在研究的变量中，仍然还有许多问题值得深入探讨和研究。本书受条件、资源与时间等因素的限制，还存在一些缺陷和尚待深入研究的领域。结合本书的研究过程，并综合研究结论和局限，笔者认为在以后的相关研究中应该注意以下几个方面：

第一，后续的研究可以对相关变量之间的关系进行更深入的研究。本书分析了企业文化力的四个维度对组织绩效的影响，分析了企业文化力对员工行为三个因素的影响，也分析了员工行为三个因素对组织绩效的影响和员工行为对企业文化力与组织绩效的关系起到中介作用的影响。但是，由于研究方法的限制，本书在研究过程中没有对企业文化力四个维度与员工行为三个因素之间分别影响情况做分析。对员工行为的因素选择上，还可以增加更多的因素或有更加明确的选择标准，因为这些变量在企业文化力和组织绩效之间可能存在有意义的关系，也有可能三个变量之间有相互作用的关系，尚待更为深入的研究。

第二，样本选择的数量和范围等方面。在时间条件允许的情况下，后续研究可以通过实验研究和纵向研究更为科学、严谨地探讨企业文化力、员工行为对组织绩效的影响。此外，后续研究需要增加样本量，扩大地理分布范围和行业分布范围，并尽量使样本地域分布和行业分布更为合理，以便增加研究的普适性，研究结论也会更有针对性和指导性。

第三，本书的调查问卷由员工填写，缺乏一定的严谨性，后续的研究可以通过观察对比和跨层分析进行研究。通过观察对比行为弄清楚是什么真正驱动员工的行为，仔细观察文化对于组织的意义。同时，通过跨层设计的实证研究法去验证影响的结果。

参考文献

［1］曹广斌，何伟林.（2000）. 运作企业文化力. 人民邮电.

［2］曹广斌，何伟林.（2002）. 论企业文化力的作用. 平原大学学报，19（4）：63-64.

［3］常亚平，郑宇，朱东红，阎俊.（2010）. 企业员工文化匹配、组织承诺和工作绩效的关系研究［J］. 管理学报，7（3）：373-378.

［4］陈春花.（2016）. 从理念到行为习惯：企业管理. 北京：机械工业出版社.

［5］程达军.（2019）. 中国企业海外并购中企业文化力的锻造：要素与路径. 江苏商论，（1）：52-57.

［6］陈加洲，凌文辁，方俐洛.（2001）. 组织中的心理契约. 管理科学学报，4（2）：74-78.

［7］陈璟.（2013）. 基于组织行为理论的企业团组织地位提升策略. 管理观察，（20）：27-27.

［8］陈卫旗，王重鸣.（2007）. 人—职务匹配、人—组织匹配对员工工作态度的效应机制研究. 心理科学，30（4）：979-981.

［9］陈衍泰，何流，司春林.（2007）. 开放式创新文化与企业创新绩效关系的研究——来自江浙沪闽四地的数据实证. 科学学研究，25（3）：567-572.

［10］陈永霞，贾良定，李超平，宋继文，张君君.（2006）. 变革型领导、心理授权与员工的组织承诺：中国情景下的实证研究. 管理世界，（1）：96-105.

［11］戴月明，杨浩.（2007）. 企业文化力的界定与构成. 经济论坛，（19）：77-79.

[12] 迪尔·特雷斯，肯尼迪·阿伦.（1989）.企业文化：现代企业的精神支柱.上海：上海科学技术文献出版社.

[13] 丁秀玲，杨洪常，国泉.（2004）.剖析 GE 公司对领导人才的培养.中国人力资源开发，（2）：64-67.

[14] 丁政，张光宇.（2007）.企业软实力结构模型的构建与解析.科学学与科学技术管理，28（7）：115-121.

[15] 杜胜利.（2001）.企业经营业绩评价的跨世纪思考.财会通讯，（2）：7-9.

[16] 段兴民，王亚洲.（2005）.知识型员工离职影响因素的实证分析，中国人力资源开发，（5）：18-22.

[17] 樊浩.（1994）.管理的文化力与人文管理.齐鲁学刊，（6）：45-50.

[18] 樊浩，马成志.（1994）.中国式管理的文化力.管理工程学报，（1）：52-57.

[19] 樊景立，罗瑾琏，隋明刚，沈荣芳.（1998）.薪资考核中的公平策略研究.同济大学学报（自然科学版），（4）：590-594.

[20] 樊耘，阎亮，张克勤.（2012）.组织文化、人力资源管理实践与组织承诺.科学学与科学技术管理，（9）：171-180.

[21] 古继宝，李妍.（2009）.企业文化的激励功能及其对员工工作满意度影响研究.管理学报，6（9）：1274-1278.

[22] 郭玉锦.（2001）.组织承诺及其中的文化思考.哈尔滨工业大学学报（社会科学版），3（2）：51-58.

[23] 韩翼.（2007）.组织承诺对雇员工作绩效的影响研究.中南财经政法大学学报，162（3）：53-58.

[24] 何丹，李文东，时勘.（2009）.组织文化对员工工作满意度和情感承诺的影响——基于多水平分析的研究结果.北京工商大学学报（社会科学版），24（5）：34-39.

[25] 侯杰泰，温忠麟，成子娟.（2006）.结构方程模型及其应用.北京：教育科学出版社.

[26] 侯杰泰.（2004）.结构方程模型及其应用.北京：经济科学出

版社.

[27] 胡卫鹏, 时勘. (2004). 组织承诺研究的进展与展望. 心理科学进展, 12 (1): 103-110.

[28] 黄俭, 汪洪源. (2005). 组织行为学在企业管理中提高绩效的探讨. 九江学院学报 (社会科学版), 24 (1): 77-78.

[29] 黄维德, 阎伊. (2005). 文化匹配对员工组织承诺的影响分析. 华东理工大学学报 (社会科学版), 20 (4): 63-67.

[30] 纪晓丽, 何陈, 冀明飞. (2010). 企业文化对知识型员工工作满意度的影响关系研究. 现代管理科学, (4): 96-98.

[31] 贾春峰. (1998). 文化力论. 东岳论丛, (6): 19-22.

[32] 贾春峰, 黄永良. (1995). 关于 "文化力" 的对话 (一). 现代哲学, (8): 5-10.

[33] 贾建锋, 闫佳祺, 王男. (2016). 高管胜任特征与企业文化的匹配对企业绩效的影响. 管理评论, 28 (7): 188-199.

[34] 赖明政, 林修伟. (2005). 企业伦理价值、组织承诺与人员—组织适配关系之研究. 上海管理科学, 27 (3): 37-40.

[35] 乐国安, 尹虹艳, 王晓庄. (2006). 组织承诺研究综述. 应用心理学, 12 (1): 84-90.

[36] 黎永泰. (2001). 企业文化管理初探. 管理世界, (4): 163-172.

[37] 李成彦. (2015). 组织文化对组织效能影响的实证研究. 华东师范大学博士学位论文.

[38] 李金早. (2008). CEO 任期与企业绩效关系的实证研究. 复旦大学博士学位论文.

[39] 李军祚. (2009). 企业制度文化的激励功能及完善途径. 大庆社会科学, (1): 94-96.

[40] 李明华. (1993). 论企业文化发展的动力系统. 管理世界, (3): 208-209.

[41] 李石海. (2009). 企业文化力与企业竞争力的关系研究. 合肥工业大学博士学位论文.

［42］李亚楠.（2016）.文化三层次视角下企业文化对组织公民行为的影响研究——基于全国211个家族企业的实证研究.现代管理科学，（10）：51-54.

［43］李正卫.（2003）.动态环境条件下的组织学习与企业绩效.浙江大学博士学位论文.

［44］林山，蓝海林，黄培伦.（2004）.组织学习、知识创新与组织创新的互动研究.科学管理研究，22（5）：26-28.

［45］凌文辁，张治灿，方俐洛.（2000）.中国员工组织承诺的结构模型研究.管理科学学报，（2）.

［46］刘光友.（2002）.私营企业如何营造良好的企业精神文化.经济与管理，（1）：18-19.

［47］刘小平.（2003）.组织承诺影响因素研究.管理科学，16（4）：7-12.

［48］刘小平，王重鸣，Brigitte Charle-Pauvers.（2002）.组织承诺影响因素的模拟实验研究.中国管理科学，10（6）：97-100.

［49］刘小平，王重鸣.（2002）.中西方文化背景下的组织承诺及其形成.外国经济与管理，（1）：17-21.

［50］刘璇华.（2006）.企业核心能力与组织创新及组织学习互动模式.工业工程，9（5）：53-56.

［51］卢美月，张文贤.（2006）.企业文化与组织绩效关系研究.南开管理评论，9（6）：26-30.

［52］马刚.（2006）.企业竞争优势的内涵界定及其相关理论评述.经济评论，（1）：113-121.

［53］马剑虹，倪陈明.（1998）.企业职工的工作价值观特征分析.应用心理学，（1）：10-14.

［54］名和太郎.（1987）.经济与文化.北京：中国经济出版社.

［55］聂清凯，何浩明.（2012）.企业文化力论纲.北京：企业管理出版社.

［56］聂清凯，赵庆.（2008）.企业文化力内涵、生成与功能体系研究综述及其展望.外国经济与管理，30（11），51-56.

［57］钱津.（2020）.论现时代企业文化管理变革及发展趋势.经济与管理评论,（6）：48-63

［58］秦在东.（1995）.现代企业管理新方略.武汉：华中理工大学出版社.

［59］邱皓政.（2005）.结构方程模式-LISREL的理论、技术与应用.双叶书廊.

［60］曲庆,高昂.（2013）.个人—组织价值观契合如何影响员工的态度与绩效——基于竞争价值观模型的实证研究.南开管理评论,16（5）：4-15.

［61］邵奇.（2004）.加强企业"软实力"建设.商业企业,（6）：16.

［62］史泉.（2013）.组织文化对组织公民行为的影响和促进分析.济宁学院学报,34（2）：97-100.

［63］帅萍,葛莉萍.（2004）.交易成本理论下的企业文化模型分析.中国工业经济,（8）：68-74.

［64］苏方国,赵曙明.（2005）.组织承诺、组织公民行为与离职倾向关系研究.科学学与科学技术管理,26（8）：111-116.

［65］谭茜元.（2009）.企业文化力构成要素及评估体系.中国集体经济,（15）：63-64.

［66］汤谷良,夏怡斐.（2009）,母公司文化控制力：中外合资企业文化陈述的差异与融合——基于中外合资汽车公司的多案例比较.管理世界,（b02）：65-74.

［67］田奋飞.（2002）.企业文化对企业竞争力的影响方式分析.管理评论,（9）：58-61.

［68］王辉,忻蓉,徐淑英.（2006）.中国企业CEO的领导行为及对企业经营业绩的影响.管理世界,（4）：87-96.

［69］王丽红.（2013）.试析企业精神文化建设对企业发展的效用.中国商论,（15）：52-53.

［70］王丽娟.（2006）.企业文化变革的自组织分析框架.管理世界,（6）：155-156.

［71］王琴.（2012）.中国式管理模式下的企业文化力研究.商品与质

量：理论研究，（S2）：135-136.

[72] 王文臣. (1998). 关于企业制度文化的几点思考. 信阳师范学院学报（哲学社会科学版），(2)：55-58.

[73] 王亚鹏，李慧. (2009). 组织文化、组织文化吻合度与员工的组织公民行为. 心理与行为研究，7（2）：137-144.

[74] 王云飞. (2020). 企业文化在企业发展中的作用分析. 今日财富（中国知识产权），(12)：77-78.

[75] 王轶. (2011). 构建企业行为文化. 东方企业文化，(9)：84.

[76] 王瑛. (2003). 问卷调查的质量控制. 商业经济与管理，(4)：25-27.

[77] 王颖，张生太. (2008). 组织承诺对个体行为、绩效和福利的影响研究. 科研管理，(3).

[78] 王震，宋萌，孙健敏. (2014). 真实型领导：概念、测量、形成与作用. 心理科学进展，22（3）：458-473.

[79] 魏光兴. (2004). 企业文化竞争力分析及模糊综合评价. 西部论坛，(2)：100-102.

[80] 魏杰，王波. (2001). 企业文化创新的成功之路——从昆明盘房看新文化萌芽. 管理世界，(2)：183-195.

[81] 魏明浩. (2014). 精心塑造行为文化保障企业健康发展，黄金，(12)：1-3.

[82] 吴慈生，江曾. (2009). 领导胜任力研究述评. 标准科学，(8)：25-29.

[83] 吴敏，刘主军，吴继红. (2009). 变革型领导、心理授权与绩效的关系研究. 软科学，23（10）：111-117.

[84] 吴明隆. (2010). 结构方程模型：AMOS 的操作与应用. 重庆：重庆大学出版社.

[85] 吴明隆，涂金堂. (2012). SPSS 与统计应用分析. 大连：东北财经大学出版社.

[86] 吴照云，王宇露. (2003). 企业文化与企业竞争力——一个基于价值创造和价值实现的分析视角. 中国工业经济，(12)：79-84.

［87］吴志明，武欣. （2006）. 基于社会交换理论的组织公民行为影响因素研究. 人类工效学，12（2）：7-9.

［88］谢洪明，刘常勇，陈春辉. （2006）. 市场导向与组织绩效的关系：组织学习与创新的影响——珠三角地区企业的实证研究. 管理世界，（2）：80-94.

［89］肖冬松，李青. （2002）. 试析文化对军事理论创新的作用与影响. 中国军事科学，15（3）：31-39.

［90］谢佩洪. （2005）. 持久竞争优势：基于组织学习力和创新力的分析. 云南财经大学学报，21（5）：66-70.

［91］熊立，刘彪文，谢奉军. （2016）. 二元企业文化：研究情境二元性的新视角. 外国经济与管理，38（6）：51-62.

［92］徐耀强，李瑾. （2015）. 企业文化力. 北京：中国电力出版社.

［93］杨浩，宋联可. （2013）. 企业文化力机制研究——基于战略人力资源管理视角. 上海：上海财经大学出版社.

［94］杨洪常. （2003）. 理性建设企业文化——读《公司文化生存指南：文化变革的理性与非理性》. 管理世界，（6）：152-153.

［95］杨杰，凌文辁，方俐洛. （2003）. 论管理学中心理契约的界定与形成过程. 学术研究，（10）：38-42.

［96］杨志民，李兰，韩岫岚，郑明身，潘建成，郝大海等. （2005）. 企业文化建设：认识、现状和问题——2005 年中国企业经营者成长与发展专题调查报告. 管理世界，（6）：89-100.

［97］尤小波. （2015）. 论基于组织行为理论下的小微企业人力资源战略体系建设. 商场现代化，（14）：136-136.

［98］占德干，张炳林. （1996）. 企业文化构建的实证性研究——对四个不同类型企业的调查与分析. 管理世界，（5）：204-223.

［99］张美云，林佩蓉. （1998）. 工作价值观对幼儿园保教人员的离职或异动的影响——以大台北地区为例. 中台学报，（10）：89-103.

［100］张勉，李海，魏钧. （2008）. 企业文化与企业绩效的关系研究——一致性和均衡性的观点. 中国工商管理研究前沿，28（2）：140-148.

［101］张勉，张德. （2002）. 组织承诺研究评述. 武汉商学院学报，

16（3）：29-34.

[102] 张敏，陈传明.（2005）.战略调整视角下的企业文化理论演进. 外国经济与管理，27（3）：12-18.

[103] 张英奎，姚水洪，李心.（2012）.提升企业"软实力"的内涵 与机理分析. 管理世界，（6）：184-185.

[104] 张再林，齐虹.（2007）.中西文化精神及其组织行为理论. 西 安交通大学学报（社会科学版），27（2）：62-66.

[105] 张志鹏.（2005）.基于企业文化认同的组织学习与知识创新. 现代管理科学，（3）：91-92.

[106] 张治灿，方俐洛，凌文辁.（2001）.中国职工组织承诺的结构 模型检验. 心理科学，（2）：148-150.

[107] 赵光忠.（2003）.核心竞争力与资源整合策划. 北京：中国经 济出版社.

[108] 郑伯.（1990）.组织文化价值观的数量衡鉴. 中华心理学刊，（32）.

[109] 仲理峰，王震，李梅，李超平.（2013）.变革型领导、心理资 本对员工工作绩效的影响研究. 管理学报，10（4）：536-544.

[110] 周松平，朱亦兵.（1999）.业文化力论纲. 湖北社会科学，（4）：17-18.

[111] 周洋，陈智高.（2008）.我国企业知识型员工流失原因探析. 科技管理研究，28（2）：173-176.

[112] 周晔，胡汉辉，潘安成.（2006）.心理契约与企业文化的关系研 究. 东南大学学报（哲学社会科学版），8（5）：27-30.

[113] 周正刚.（2003）.论文化力的构成及其在综合国力中的地位和 作用，武陵学刊，28（2）：60-62.

[114] 朱瑜，凌文辁.（2003）.组织公民行为理论研究的进展，心理 科学，26（1）：186-187.

[115] Adler, S., Skov, R. B., Salvemini, N. J. (1985). Job Characteristics and Job Satisfaction: When Cause Becomes Consequence. Organizational Behavior & Human Decision Processes, 35 (2): 266-278.

[116] Alchian, A. A., Demsettz, H. (1972). Production, Information

Cost, and Economic Organization, American Economic Review, 12 (62): 777-795.

[117] Allen, N. J., Meyer, J. P. (1990). The Measurement and Antecedents of Affective, Continuance and Normative Commitment to the Organization. Journal of Occupational Psychology, 63.

[118] Antoncic, B., Hisrich, R. D. (2003). Clarifying the Intrapreneurship Concept. Journal of Small Business & Enterprise Development, 10 (1): 7-24.

[119] Argyris, C. (1960). Understanding Organizational Behavior [M]. London: Tavistock Publications.

[120] Banker, R. D., Lee, S. Y., Potter, G., Srinivasan, D. (2000). An Empirical Analysis of Continuing Improvements Following the Implementation of a Performance - based Compensation Plan. Ssrn Electronic Journal, 30 (3): 315-350.

[121] Barnett, W. P., Greve, H. R., Park, D. Y. (1994). An Evolutionary Model of Organizational Performance. Strategic Management Journal, 15 (S1): 125-125 (1).

[122] Barney, J. B. (1991). Firm Resources and Sustained Competitive Advantage. Journal of Management, 17 (1): 99-120.

[123] Baron, R. M., Kenny, D. A. (1986). The Moderator-Mediator Variable Distinction in Social Psychological Research: Conceptual, Strategic, and Statistical Considerations. Journal of Personality and Social Psychology, (51): 1173-1182.

[124] Becker, H. S. (1960). Notes on the Concept of Commitment. American Journal of Sociology, 66 (1): 32-40.

[125] Bernadina, M. G., Hansen, W. E., Clercx, P., Henroteaux, M., Rutten, V. P. (1995). Neutrophil Phagocyte Dysfunction in a Weimaraner with Recurrent Infections. Journal of Small Animal Practice, 36 (3): 128-31.

[126] Blair, Margaret M. (1995). Ownership and Control-Rethinking Corporate Governance for the Twenty First Century. Washington DC: The Brook-

ings Institution：195-203.

［127］Blau, G. J., Memlnan, K., Tatuzn, D., Rudmann, S. V. (2001). Antecedents of Organizational Commitment and the Mediation Role of Job Satisfaction. Journal of Managerial Psychology, (16)：594-613.

［128］Brenner, M., Subrahmanyam, M. G. (1988). A Simple Formula to Compute the Implied Standard Deviation. Financial Analysts Journal, 44 (5)：80-83.

［129］Brian, D. Fields, James W. Truran, John J. Cowan. (2001). A Simple Model for R-process Scatter and Halo Evolution. Astrophysical Journal, 575 (2)：845-854.

［130］Brian, T. Gregory, Stanley, G. Harris, Achilles, A. Armenakis, Christopher, L. Shook. (2009). Organizational Culture and Effectiveness：A Study of Values, Attitudes, and Organizational Outcomes. Journal of Business Research, 62 (7)：673-679.

［131］Brockbank, Wayne, Ulrich, Dave, Yakonich, David. (2002). Competencies for the New HR. University of Michigan Business School, Collins.

［132］Buchko, J. Huang, H. C. Morrison, R. J. Muendel, H. H. Barr, D. J. S. Klassen, G. R. (1992). Pythium sp. "group g", a Form of Pythiumultimum Causing Damping - off of Safflower. CanadianJournal of Plant Pathology, 14 (3)：229-232.

［133］Cameron, K. S., Quinn, R. E. (1998). Diagnosing and Changing Organizational Culture：Based on The Competing Values Frame -work. New York：Addison- Wesley Press：35.

［134］Campbell, S. Nelson, Scott, D. Nodder, Peter, J. J. Kamp. (1990). Mass-emplaced Siliciclastic-Volcaniclastic-Carbonate Sediments in Middle Miocene Shelf-to-slope Environments at Waikawau, Northern Taranaki, and Some Implications for Taranaki Basin Development. New ZealandJournal of Geology and Geophysics, 33 (4)：599-615.

［135］Carson, G. (1995). Planning Training Meetings：A Seven-step Program. Secretary.

[136] Cascio, W. F. (1991). Managing Human Resource: Productivity, Quality of Work Life and Profits. New York: McGraw-Hill.

[137] Chakravarthy, U. S., Minker, J. (1986). Multiple Query Processing in Deductive Databases using Query Graphs. International Conference on Very Large Data Bases. San Francisco: Morgan Kaufmann Publishers Inc.

[138] Churchill, G. A. (1979). A Paradigm for Developing Better Measures of Marketing Constructs. Journal of Marketing Research, 16 (1): 64-73.

[139] Coase, R. (1937). The Nature of the Firm. Economical, (4): 386-495.

[140] Deal T. E., Kennedy, A. A. (1982). Corporate Cultures: The Rites and Rituals of Corporate Life, Harmondsworth, Penguin Books.

[141] Denison D. (1990). Corporate Culture and Organizational Effectiveness. New York: John Wiley: 2.

[142] Denison, Rayna, L. (2005). Cultural Traffic in Japanese Anime: The Meanings of Promotion, Reception and Exhibition Circuits in Princess Mononoke. Doctoral dissertation, University of Nottingham.

[143] Denison, D. R. (1990). Corporate Culture and Organizational Effectiveness. New York: John Wiley and Sons.

[144] Denison, D. R, Haaland, S, Goelzer, P. (2003) Corporate Culture and Organizational Effectiveness: Is There a Similar Pattern around the World?". Advances in Global Leadership, (3): 205-227.

[145] Denison, D. R., Mishra, A. K. (1995). Toward a Theory of Organizational Culture and Effectiveness. Organization Science, 6 (2): 204-223.

[146] Denison, D. R., Stephanie Haaland , Paulo Goelzer. (2004). Corporate Culture and Organizational Effectiveness: Is Asia Different from the Rest of the World? Organizational Dynamics, 33 (1): 98-109.

[147] Drucker, P. F. (1966). The Effective Executive. Harper Business, NY.

[148] Dubin, R., Champoux, J. E., Porter, L. W. (1975). Central Life Interests and Organizational Commitment of Blue-collar and Clerical Workers.

Administrative Science Quarterly, 20 (3): 411-421.

[149] Dyne, L. V., Graham, J. W., Dienesch, R. M. (1994). Organizational Citizenship Behavior: Construct Redefinition, Measurement, and Validation. Academy of Management Journal, 37 (4): 765-802.

[150] E. L. Lehmann, H. J. M. D' Abrera. (1998). Nonparametrics: Statistical Methods Based on Ranks. Englewood Cliffs, NJ: Prentice-Hall.

[151] Eisenberger, R., Fasolo, P., Davis, LaMastro, V. (1990). Perceived Organizational Support and Employee Diligence, Commitment, and Innovation. Journal of Applied Psychology, (75): 51-59.

[152] Farh, J. L., Earley, P. C., Lin, S. C. (1997). Impetus for Extraordinary Action: A Cultural Analysis of Justice and Organizational Citizenship Behavior in Chinese Society. Administrative Science Quarterly, (42): 421-444.

[153] Farh, J. L., Zhong, C. B., Organ, D. W. (2004). Organizational Citizenship Behavior in the People's Republic of China. Organization Science, (15): 241-252.

[154] Fey, C. F., Denison, D. R. (2003). Organizational Culture and Effectiveness: Can American Theory be Applied in Russia? Organization Science, 14 (6): 686-706.

[155] Flood, A. B., Scott, W. B. (1987). Hospital Structure and Performance. London, MD: The Johns Hopkins University Press.

[156] Fowler, D. B., Limin, A. E. (1988). Cold Hardiness Expression in Interspecific Hybrids and Amphiploidy of the Triticeae. Genome, 30 (3): 361-365.

[157] George, J. M., Brief, A. P. (1992). Feeling Good-doing Good: A Conceptual Analysis of the Mood at Work Organizational Spontaneity Relationship. Psychological Bulletin, (112): 310-329.

[158] Gerbing, D. W., Anderson, J. C. (1988). An Updated Paradigm for Scale Development Incorporating Unidimensionality and Its Assessment. Journal of Marketing Research, 25 (2): 186-192.

[159] Goodman, S. A, Svyantek, D. J. (1999). Person-organization Fit and Contextual Performance: Do Share Values Matter. Journal of Vocational Behavior, (55): 254-275.

[160] Gordon, G. G., Ditomaso, N. (1992). Predicting Corporate Performance from Organizational Culture. Journal of Management Studies, 793-798.

[161] Graham, J. W. (1986). Organizational Citizenship Informed by Political Theory. Paper Presented at the Annual Meeting of the Academy of Management, Chicago, IL.

[162] Greve, H. R. (2003). Organizational Learning from Performance Feedback: A Behavioral Perspective on Innovation and Change. Cambridge University Press.

[163] Griffin, M., Rafferty, A. (2001). Expanding Organisational Diagnosis by Assessing the Intensity of Change Activities. Organization Development Journal, 19 (3): 3-14.

[164] Gunter, B., Furnham, A. (1996). Biographical and Climate Predictors of Job Satisfaction and Pride in Organization. The Journal of Psychology, 130 (2): 193-208.

[165] Harris, S. G., Mossholder, K. W. (1996). The Affective Implication of Perceived Congruence with Culture Dimensions During Organizational Transformation. Journal of Management, (22): 527-547.

[166] Hassabelnaby, H. R., Epps, R. W., Said, A. A. (2003). The Impact of Environmental Factors on Accounting Development: An Egyptian Longitudinal Study. Critical Perspectives on Accounting, 14 (3): 273-292.

[167] Herzberg, F., Mausnes, B., Peterson, R. O., Capwell, D. F. (1957). Job Attitudes; Review of Research and Opinion. American Journal of Sociology, 12 (2).

[168] Hofer, C. W. (1983). Rova: A New Measure for Assessing Organizational Performance. Advances in Strategic Management, (2): 43-55.

[169] Hofstede, G., Neuijen, B., Ohayv, D., et al. (1990). Meas-

uring Organizational Culture: A Qualitative and Quantitative Study across Twenty Cases. Administrative Science Quarterly: 289.

[170] Hofstede, Geert. (1991). Cultures and Organizations: Software of The Mind. New York: McGraw Hill.

[171] Hoppock, R. (1935). Job Satisfaction. New York: Harper & Brother Publisher.

[172] Hoskisson, R. E., Moesel, D. D. (1994). Corporate Divestiture Intensity in Restructuring Firms: Effects of Governance, Strategy, and Performance. Academy of Management Journal, 37 (5): 1207-1251.

[173] Hrebiniak L. G., Alutto J. A. (1972). Personal and Role-Related Factors in The Development of Organizational Commitment [J]. Administrative Science Quarterly, 17 (4): 555-572.

[174] Hu, L., Bentler, P. M. (1999). Cutoff Criteria for Fit Indexes in Covariance Structure Analysis: Conventional Criteria Versus New Alternatives. Structural Equation Modeling a Multidisciplinary Journal, 6 (1): 1-55.

[175] Johnson, J. J., McIntye, C. L. (1998). Organizational Culture and Climate Correlates of Job Satisfaction. Psychological Reports, (82): 843-850.

[176] John, P., Meyer, D., Ramona, Bobocel, et al. (1991). Development of Organizational Commitment during the First Year of Employment: A Longitudinal Study of Pre-and Post-Entry Influences. Journal of Management, 17 (4): 717-733.

[177] Kanchier, C., Unrch, W. R. (1989). Occupational Change: What Makes Changers Difference. Journal of Career Development, 15 (3): 174-187

[178] Kaplan, R. S. and Norton, D. P. (1992), The Balanced Scorecard. Measures that Drive Business Performance, Harvard Business Review, (70): 71-79.

[179] Katz, D. (2010). The Motivational Basis of Organizational Behavior. Systems Research & Behavioral Science, 9 (2): 131-146.

[180] Keaveney, S. M. Nelwon, E. (1993). Coping with Organizational

Role Stress: Intrinsic Motivational Orientation, Perceived Role Benefits, And Psycho Logical Withdrawal. Journal of the Academy of Marking Science, (21): 113-124.

[181] Kepui, T. P., Chamala, S., Shadur, M. A. (1996). The Role of Culture in Development Management: Case Studies of a Public and a Private Sector Organization in Papua New Guinea. Sustainable Development, 4 (3): 111-120.

[182] Kotter, J. P. (1973). The Psychological Contract. California Management Review, (15): 91-99.

[183] Kotter, J. P., Heskett, J. L. (2011). Corporate Culture and Perfomance. Tbe Free Press, Communication-Based Model.

[184] Kotter, J. P., Heskett, J. L. (1992). Corporate Culture and Performance. Free Press, New York.

[185] Kushman, J. W. (1992). The Organizational Dynamics of Teacher Workplace Commitment: A Study of Urban Elementary and Middle Schools. Educational Administration Quarterly, 28 (1): 5-42.

[186] L. Van Dyne, L. L. Cummings, J. McLean Parks. (1995). Extrarole Behaviors: In Pursuit of Construct and Definitional Clarity. Research in Organizational Behavior, (17): 215-285.

[187] Levinson, H., Price, C. R., Munden, K. J., et al. (1962). Management and Mental Health. Cambridge: Harvard University Press.

[188] Lim, B. (1995). Examining the Organizational Culture and Organizational Performance Link. Leadership & Organization Development Journal, 16 (5): 16-21.

[189] Lincoln, Y. S., Guba, E. G. (1985). Naturalistic inquiry. Sage Publications.

[190] Locke, E. A., Henne, D. (1986). Work Motivation Theories. in C. L. Cooper, I. T. Robertson (Eds.). International Reviews of Industrial and Organizational Psychology, (1): 1-35.

[191] Locke, E. A. (1976). The Nature and Causes of Job Satisfaction.

In M. D. Dunnette (Ed.). Handbook of Industrial and Organizational Psychology, 1297-1349.

[192] Mackenzie, S. B., Podsakoff, P. M., Ahearne, M. (1998). Some Possible Antecedents and Consequences of In-role and Extra-role Salesperson Performance. Journal of Marketing, 62 (3): 87-98.

[193] Marcoulides, G. A., Heck, R. H. (1993). Organizational Culture and Performance: Proposing and Testing a Model. Organization Science, 4 (2): 209-225.

[194] Maria Eriksson Pernilla Ingelsson. (2016). Building an Organizational Culture When Delivering Commercial Experiences-the Leaders' perspective. International Journal of Quality and Service Sciences, 8 (2): 1-14.

[195] Marsh, Manari, W. R. (1977). Interpersonal Communication Competence. Beverly Hills, Sage.

[196] Martin, T. N., O'Laughlin, M. S. (1984). Predictors of Organizational Commitment: The Study of Part-time Army Reservists. Journal of Vocational Behavior, 25 (3): 270-283.

[197] Mathieu, J. E., D. M. Zajac. (1990). A Review of Meta-Analysis of the Antecedents, Correlates and Consequences of Organizational Commitment. Psychological Bulletin, 108 (2): 171-94.

[198] Meglino, B. M., Ravlin, E. C. (1998). Individual Values in Organizations: Concepts, Controversies, and Research. Journal of Management, 24 (3): 351-389.

[199] Meyer, J., Alien, N. J. (1984). Testing The "Side-Bet" Theory of Organizational Commitment: Some Methodological Considerations. Journal of Applied Psychology, 69 (3): 372-378.

[200] Meyer, J. Allen, J. (1991). A Three-Component Con- Ceptualization of Organizational Commitment. Human Resource Management Review, 91 (1).

[201] Michaels, C. E., Spector, P. E. (1982). Causes of Employee Turnover: A Test of the Mobley, Griffith, Hand, and Meglino Model. Journal

of Applied Psychology, 67 (1): 53-59.

[202] Mobley, W. H., Meglino, B. M. (1977). A Behavioral Choice Model Analysis of the Budget Allocation Behavior of Academic Deans. Academy of Management Journal, 20 (4): 564-572.

[203] Moorman, R. H., Blakely, G. L., Nieho, B. P. (1998). Does Perceived Organizational Support Mediate the Relationship between Procedural Justice and Organizational Citizenship Behavior? Academy of Management Journal, (41): 351-357.

[204] Mowday, R., Porter, L., Steers, R. (1982). Employee-organization Linkages. In P. Warr (Ed.). Organizational and Occupational Psychology. New York: Academic Press: 219-229.

[205] Mowday, R. T., Steers, R. M., Porter, L. M. (1979). The Measurement of Organizational Commitment. Journal of Vocational Behavior, (14): 224-247

[206] Murphy, K., J., Fox, A., M. (1990). The Efficacy and Ecological Impacts of Herbicide and Cutting Regimes on the Submerged Plant Communities of Four British Rivers. I. A Comparison of Management Efficacies. Journal of Applied Ecology, 27 (2), 541-548.

[207] Nunnally, J. C. Bernstein, I. H. Nunnally, J., Y. Bernstein, I. (1994). The Theory of Measurement Error. Psychometric theory (3rd ed.). New York: McGraw-Hill.

[208] Nunnally, Jum C. (1978), Psychometric Theory, 2nd ed. New York: McGraw-Hill Book Company.

[209] Nystrom, P. C. (1993). Organizational Cultures, Strategies, and Commitments in Health Care Organizations. Health Care Management Review, 18 (1): 43-49.

[210] O'Reilly, C. A., Chatman. J., Caldwell, D. F. (1991). People and Organizational Culture: A Profile Com-parison Approach to Assessing Person-organization Fit. Academy of Management Journal, 34 (3): 487-516.

[211] O'Reilly, C. A., Chatman, J. (1986). Organizational Commitment

and Psychological Attachment: The Effects of Compliance, Identification and Internalization. Journal of Applied Psychology, 71 (1): 492-499.

[212] Organ, D. W. (1988). Organizational Citizenship Behavior: The Soldier Syndrome. Lexington: Lexington Books.

[213] Organ, B. C., APAJr, O. C. (1983). Fibroadenoma of the Female Breast: A Critical Clinical Assessment. Journal of the National Medical Association, 75 (7): 701-704.

[214] Organ, D. W. (1977). Organizational Citizenship Behavior: It's Construct Cleanup Time. Human Performance, (10): 85-97.

[215] Organ, D. W. (1988). Organizational Citizenship Behavior: The Good Soldier Syndrome. Lexington, MA: D. C. Heath.

[216] Pascale, R. T., Athos, A. G. (1981). The Art of Japanese Management. The Art of Japanese Management, Peguin Parker.

[217] Patton, M. Q. (1990). Qualitative Evaluation and Research Methods. 2nd ed. Modern Language Journal, 76 (4): 543.

[218] Peter, J. P. (1981). Construct Validity: A Review of Basic Issues and Marketing Practices. Journal of Marketing Research, 18 (2): 133-145.

[219] Peters, Thomas. (1982). In Search of Excellence: Lessons from America's Best-Run Companies. Harper & Row.

[220] Podsakoff, P. M., Mackenzie, S. B., Paine, J. B., Bachrach, D. G. (2000). Organizational Citizenship Behaviors: A Critical Review of the Theoretical and Empirical Literature and Suggestions for Future Research. Journal of Management, 26 (3): 513-563.

[221] Pond, S. B., Geyer, P. D. (1987). Employee Age as A Moderator of the Relation Between Perceived Work Alternative and Job Satisfaction. Journal of Applied Psychology, (4): 552-557.

[222] Poter, L. M. Steers, R. M., Mowday, R. T., Boulian, P. V. (1974). Organizational Commitment, Job Satisfaction and Turnover among Psychiatric Technicians. Journal of Applied Psychology, (59): 603-609.

[223] Prahalad, C. K., G. Hammel. (1990). The Core Competence of

the Organization. Harvard Business Review, 68 (3): 118-225.

[224] Price, J. L. (2001). Reflections on the Determinants of Voluntary Turnover. International Journal of Manpower, 22 (7): 600-624

[225] Price, J. L., Mueller, C. W., Ko, J. W. (1997). Assessment of Meyer and Allen's Three-Component Model of Organizational Commitment in South Korea. Journal of Applied Psychology, (6): 961-973.

[226] Quinn, R. P., Shepard, L. J. (1974). Quality of Employment Survey. Ann Arber: University of Michigan, Institute for Social Research.

[227] Ramanujam, V., Venkatraman, N., Camillus, J. C. (1986). Objectives-Based Evaluation of Strategic Planning Systems. Omega, 14 (4): 299-306.

[228] Rice, R. W., Gentile, D. A., Mefarlin, D. B. (1991). Facet Importance and Job Satisfaction. Journal of Applied Psychology, (1): 31-39.

[229] Riggle, R. J., Edmondson, D. R., Hansen, J. D. (2009). A Meta-analysis of the Relationship between Perceived Organizational Support and Job Outcomes: 20 Years of Research. Journal of Business Research, 62 (10): 1027-1030.

[230] Rosabeth Moss Kanter. (1968). Commitment and Social Organization: A Study of Commitment Mechanisms in Utopian Communities. American Sociological Review, 33 (4): 499-517.

[231] Rousseau, D. M. (1989). Psychological and Implied Contracts in Organizations. Employee Rights and Responsibilities, 2 (2): 91-99.

[232] Rousseau, D. M. (1990). Normative Beliefs in Fund -Raising Organizations—Linking Culture to Organizational Performance and Individual Responses. Group Organization Management, 15 (4): 448-460.

[233] Rousseau, D. M. (1995). Psychological Contract in Organizations: Understanding Written and Unwritten Agreements. London: Sage Publications.

[234] Rousseau, D. M., Parks, J. (1992). The Contracts of Individuals and Organizations. In L. L. Gummings, B. M. Staw (Eds.), Research in Organizational Behavior. Greenwich, GT: JAI Press.

［235］Rousseau, D. M., Schalk, R. (2001). Psychological Contract in Employment: Cross - national Perspectives. Physical Review B Condensed Matter, 30 (9): 5361-5363.

［236］Schein, E. H. (1980). Organizational Psychology. 3rd ed. Englewood Cliffs, New Jersy: Prentice-Hall.

［237］Schein, E. H. (1990). Organizational Culture. American Psychologist, (2): 109-119.

［238］Schein, E. H. (1992). Organizational Culture and Leadership (2nd edition). San Francisco: Jossey-Bass.

［239］Seaker, R. F., Waller, M. A., Dunn, S. C. (1993). A Note on Research Methodology In Business Logistics. Logistics & Transportation Review, 29 (4): 383-387.

［240］Seal, F. E., Knight, P. A. (1988). Industrial - Organizational Psychology: Science and Practice. Brooks/Cole Publishing.

［241］Sheldon, M. E. (1971). Investments and Involvements as Mechanisms Producing Commitment to the Organization. Administrative Science Quarterly, 16 (2): 143-150.

［242］Sheridan, J. E. (1992). Organizational Culture and Employee Retention. Academy of Management Journal, (35). 1036-1056.

［243］Shore, M. F., Wayne, S. J. (1993). Commitment and Employee Behavior. Journal of Applied Psychology, 78.

［244］Smircich, L. (1983). Concepts of Culture and Organisational Analysis, (28): 339-358.

［245］Smith, C. A., Organ, D. W., Near, J. P. (1983). Organizational Citizenship Behavior-Its Nature and Antecedents. Journal of Applied Psychology, 68 (4): 653-663.

［246］Smith, P. C., Kendall, L. M., Hullin, C. L. (1969). The Measurement of Satisfaction Work & Retirement. Chicago: Rand Mcnally.

［247］Snow, C. C., Hrebiniak, L. G. (1980). Strategy, Distinctive Competence, and Organizational Performance. Administrative Science Quarterly, 25

(2): 317-336.

[248] Spanos, Y. E., Lioukas, S. (2001). An Examination into the Causal Logic of Rent Generation: Contrasting Porter's Competitive Strategy Framework and the Resource-based perspective. Strategic Management Journal, 22 (10): 907-934.

[249] Suchman, E. A. (1967). Preventive Health Behavior: A Model for Research on Community Health Campaigns. Journal of Health & Social Behavior, 8 (3): 197.

[250] Sue Birley, Paul Westhead. (1990). "North-South" Contrasts in The Characteristics and Performance of Small Firms. Entrepreneurship & Regional Development, 2 (1): 27-48.

[251] Tsui, Y. Y., Cheng. H. P. (1994). Flow Calculation In a Loop-Scavenged Two-Stroke Motored Engine. International Journal of Numerical Methods for Heat & Fluid Flow, 4 (3): 249-267.

[252] Turnipseed, D. L., Murkison, E. (2000). A Bi-Cultural Compassion of Organizational Citizenship Behavior: Does the OCB Phenomenon Transcend National Culture? The International Journal of Organization Analysis, (8): 200-222

[253] Tylor, Edward. (1971). Primitive Culture. New York: J. P. Putnam's Sons.

[254] Venkatraman, N., Ramanujam, V. (1986). Measurement of Business Performance in Strategy Research: A Comparison of Approaches. Academy of Management Review, 11 (4): 801-814.

[255] Vilela, B. B., González, J. A. V., Ferrín, P. F. (2008). Person-Organization Fit, Ocb and Performance Appraisal: Evidence From Matched Supervisor-Salesperson Data Set in a Spanish Context. Industrial Marketing Management, 37 (8): 1005-1019.

[256] Vroom, V. H. (1964). Work and Motivation. Industrial Organization Theory & Practice, 35 (2): 2-33.

[257] Wallache J. (1983). Individuals and Organizations: The Culture

Match. Training and Development Journal, 37（2）：29-36.

　　［258］Weber, Max.（1904）. The Protestant Ethic and the Spirit of Capitalism, Routledge.

　　［259］Weiner, Y.（1982）. Commitment in Organizations: A Behavior Approach To Job Involvement. Journal of Vocational Behavior,（10）：47-52.

　　［260］Wiggins, R. R., Ruefli, T. W.（2002）. Sustained Competitive Advantage: Temporal Dynamics and The Incidence and Persistence of Superior Economic Performance. Organization Science, 13（1）：81-105.

　　［261］William, G. O.（1981）. Theory Z How American Business Can Meet the Japanese Challenge. Addison-Wesley Pub.

　　［262］Williamson, J. G., Sanderson, W. C.（1985）. How Should Developing Countries Adjust to External Shocks in The 1980s? An Examination of Some World Bank Macroeconomic Models. World Bank.

　　［263］Wright, T. A., Bonett, D. G.（1992）. The Effect of Turnover on Work Satisfaction and Mental Health: Support for A Situational Perspective. Journal of Organizational Behavior, 13（6）：603-615.

　　［264］Wuthichai Sittimalakorn, Susan Hart.（2011）. Market Orientation Versus Quality Orientation: Sources of Superior Business Performance. Journal of Strategic Marketing, 12（4）：243-253.

　　［265］Zheng, W., Yang, B., McLean, G. N.（2009）. Linking Organizational Culture, Structure, Strategy, and Organizational Effectiveness: Mediating Role of Knowledge Management. Journal of Business Research,（10）：1016.

后　记

　　王国维在《人间词话》中写道："古今之成大事业者、大学问者，必经过三种之境界：'昨夜西风凋碧树。独上西楼，望尽天涯路。'此第一境也。'衣带渐宽终不悔，为伊消得人憔悴。'此第二境也。'众里寻他千百度，蓦然回首，那人却在灯火阑珊处。'此第三境也。"在写作本书的过程中，每一个观点、概念、文献与理论逻辑的构建和辨析无不充满了荆棘和艰辛，我的心境似大师的心境，自始至终都品尝到了这三种境界的苦与乐。在本书行将掩卷之际，我的心中充满了喜悦和感激之情。

　　首先，感谢浙江大学鲁柏祥教授，本书从选题、文献综述、研究框架、资料和数据收集乃至整个研究思路都得到鲁教授的精心指导，花费了鲁教授大量的工作时间和家庭时间，在此对鲁教授及其家人表示诚挚的谢意。

　　其次，感谢在数据收集过程中所有给予我支持的企业家朋友及所有在深度访谈和问卷调查过程中给予我支持和帮助的人们。

　　最后，感谢我的家人，尤其是我的父母、丈夫和两个可爱的儿子！他们的爱是我写作的无尽动力。不管是在工作中还是生活中，他们都对我嘘寒问暖，同时承担了大部分家务以及维持家庭运转的责任，使我有大量的时间和精力投入到工作以及科学研究中，促使我不断成长与进步。

　　路漫漫其修远兮，吾将上下而求索。我，将会继续努力！

罗秋雪

2020 年 11 月 3 日